Lasse Los

Kurz und wendig

AF236025

Lasse Los, Jahrgang 1947, Diplompädagoge und Psychologe, Liedermacher und Dichtender, kurzum: Passionierter und mittlerweile pensionierter Mitmensch, beruflich in verschiedenen sozialpädagogischen und psychologisch beratenden Feldern, auch spirituell begleitend, kreativ tätig gewesen, seit etwa dreißig Jahren seine Lebensweisheiten (ver)dichtend aktiv.

Erlauschte Texte

Erlauchte Texte?
Erlauschte Texte!

Meine Texte lesen

Was Du hineinlesen willst?
Was Du herauslesen
kannst!

Sehnen-Schreibe-
Entzündung

Ach,
ich kann denen,
die sich nicht sehnen,
noch soviel schreiben.

Sie lassen`s bleiben
und lesen`s nicht!

Lasse Los

kurz
u
und
d
wendig

Aphorismen
und Kurzgedichte

Bibliografische Information der Deutschen Nationalbibliothek:
Die Deutsche Nationalbibliothek verzeichnet diese Publikation in der
Deutschen Nationalbibliografie; detaillierte bibliografische Daten sind im
Internet über http://dnb.dnb.de abrufbar.

Covergestaltung: Lasse Los
Edition LOS Band 16
lasselos@email.de

Herstellung und Verlag:
BoD - Books on Demand,
Norderstedt

ISBN: 978-3-7526-6954-1

Inhalt   Seite

(14 Bände mit Gedichten, Briefen, Texten,Wort-Bildern,
Liedern, Musik-Text-Collagen und Music-Textivals)

Vorwort

In „kurz und wendig" präsentiere ich Aphorismen und Kurzgedichte, die sich mir in den Jahren meiner dichterischen Arbeit „nahelegten".

Ich habe sie nicht thematisch sondern alphabetisch angeordnet. So lassen sich gesuchte Stichworte schneller finden.

Die alphabetisch bedingten thematischen Sprünge im Ablauf der Texte können als Nebeneffekt ein kurz-und-wendiges kreatives Nachdenken und ein meditatives Innehalten auslösen. Das gibt dem Ganzen noch eine zusätzliche Würze.

Prolog

Erleuchtung von unten

Im Leben
miteinander teilen.
Im Leben einander
mitteilen.

Sichtweiden

Meine Sichtweisen
sind meine Sichtweiden,
auf denen ich meine
Sicht weide.

Meine Richtung

Ich gehöre keiner Schule an,
keiner Richtung!
Meine Richtung ist die Aufrichtung!

Aphorismen und Kurzgedichte – alphabetisch

Absonderlich

Ausgesondert sond`re ich mich
täglich ab, um zu sondieren,
was der Tag an Sonderbarem
für mich abgesondert hat.

Ab-son-der-lich-keit

Gewahrend bin ich jetzt soweit,
mein Abgetrennt-Besonderes
als das zu schauen, was es ist:
Als Ab-son-der-lich-keit!

Agape

Die Liebe höret nimmer auf,
auch wenn der Christen Glaube bricht,
verweht. Das Christentum vergeht!

Aktiv-Sein

Bei der Sache! Für die Sache!
Nicht aber von der Sache!

Alle Hände voll zu tun?

Wer alle Hände voll zu tun hat,
wie will der noch empfangen,
was sich ihm nur in
leere Hände
legt?

ALLES als Nichts-Als?

Die Auffassung, die Transzendenz
sei nicht als eine Einbildung
ist nichts als eine Einfassung,
für die das Nichts-Als Alles ist!

Alltagstrance

Zwischen Dir und mir
meist nur noch Alltagstrance:
Einrede und Ausrede!

Am Ende

Am Ende bleibt Dir nicht erspart:
Die Wende wirrer Lebensart
im aufklarenden Liebeslicht,
in dessen sanfter Gegenwart
Dir alles Brechende zerbricht.

Ambi-Valenzia

Er sehnte sich so sehr danach,
ihr in die Arme zu sinken.
Und fürchtete sich gleichzeitig,
ihr in die Hände zu fallen.

An den Kragen

Im schweigenden Vermummen
geht es den letzten Fragen
in ihrem Eigenbrummen an
den Kragen: Sie verstummen!

An der
Wunder-Bar

Plünderbar ist nur der Plunder,
nicht das Wunder!
....
Ach, wie wunderbar!

Anfrage an Zwo-Drei-Achtel-Menschen

Die Echten wollt Ihr ächten,
die Un-ech-ten be-ach-ten,
Euch weiterhin ent-mach-ten
bei der Acht-Achtel-Achtung?

Angesagt

Vom ureig`nen Original
zeitgemäss sich abgrenzen,
um im Heute-Angesagten
als Kopie zu glänzen.

Angst und Vertrauen

Angst pocht heftig an die Außentür.
Tragik-tragendes Vertrauen öffnet ihr.
Und es staunt nicht schlecht, wie jedes Mal:
Niemand steht vor seinem Hauptportal.

Anschauen! Aufschauen?

Wie kann ich Dich denn anschauen,
wenn Du Dich über mich erhebst,
ich aber nicht zu Dir aufschauen will?

Arbeitssucht als
Unlustflucht

Warum
bist Du so arbeitssüchtig?
Ganz einfach! Ich bin unlustflüchtig!

Auf in den Krampf?

Sich im Lebenskampf verdichten
oder sich in Krankheit flüchten,
um dem Kampfe zu entfliehen
und im Krampf sich auszuglühen.

Aufdeckende Frage

Weißt Du wirklich
wie das ist?

Jenes:
„WERDE,
DER DU BIST!"

Auferstehung

Aus einem
Haufen Pferdeäpfel
ersprießen Haferkeimlinge.

AUF-FANGNETZE

Als
er sprach:
„Werdet Menschenfischer!"
Empfahl er da Fangnetze
oder
Auffangnetze?

Aufgang in den Übergang

Ich suche nicht den Ausgang
aus unserer Untergangskultur.
Den Aufgang such` ich in ihr nur,
den Aufgang in den Übergang.

Aufgegeben!

Die Frau, die er sich angesetzt,
die eig`ne Stellung zu beleben,
hat ihn am Ende so gehetzt,
dass er die Stellung
aufgegeben!

Aufklaerung

In der Aufklaerung leuchtet die Vernunft die Dinge aus.
In der Aufklarung leuchten im Gewahren die Dinge auf.

Aufklaren

Das Denken entschränken
hin zum wachen Gewahren,
Aufklärung verweben, aufheben
im Sprung zum Aufklaren.

Auf-
richtung
kontra Ausrichtung

Ausrichtung röstet Dich richtlinig
und trocknet Deine
Tränen
aus.

Auf-
richtung
tröstet Dich aufrichtig
und trocknet Deine Tränen ab.

Aus dem Takt geraten

Gründlich aus dem Takt geraten,
suchen sie den noch Intakten
ihr Getakte aufzubraten.

Aus Ton sind wir

Aus Ton sind wir, zu Ton werden wir.
Tönerne Gestalten, tönende Gestalt.
Jetzt + Immerdar!

Ausgeschlossen

Aus-
geschlossen ist mir jetzt
jedwedes
Aus-
schließliche.

Aus-Kosten

Ob uns denn aus Kostengründen
die Mitwelt noch gerettet wird,
damit wir nicht noch weiter-
hin zerstörerisch sie
auskosten?

Autistenwärts

Tech-
nisch hoch-
gerüstet und
digitalisiert
streben wir
autisten-
wärts.
Und
sollten uns
doch einleben,

jetztseits, ins
Authenti-
sche.

Band ab!

Ent-
wand sich
den   Familien-
banden und kam der
Bande bald abhanden.

Be**handelbar**

Behandelbar ist,
was ich habe.
Nicht handle-bar ist,
was ich bin!

Befreiendes Gegen-Wort
Befreiende Gegen-Wart

Ein Gegen-Wort
hat mich in meiner Gegenwart
an meinem Ort, in meiner Zeit
von mir befreit hin zur
Ver-Antwor-
tung!

Befreier

Die Pseudo-Befreier kreuzigen Dich
an ihrer Theorie von Befreiung!
Die wahren Befreier durchkreuzen Dir
jedwede Theorie von Befreiung!

Befreiung-frei-Haus

Ein freiender Befreier
befreit die zu Befreienden
frei Haus und von-sich-selbst.

*(Das überlieferte Jesus-Bild ist das
eines freienden Befreiers)*

Begleiter

Du
leitest uns,
begleitest uns,
und leiterst uns
und läuterst
uns.

Beglueckt

Du schaust mich nicht beglückt an,
Du guckst mir nur begluckt entgegen.

Bekömmlich?

Wieweit ist wohl, was herkömmlich,
für mich denn noch
bekömmlich?

Bekriegte Natur

Die moderne Physik
kriegt scharf in den Blick,
dass sie das, woran ihr liegt,
nicht scharf in den Blick kriegt.

Belanglos

Das meiste, was wir sagen, ist belanglos,
denn es langt bloß bis zur Grenze
unserer eigenen Belange.

BeMAeNGELung

Und sie versucht mit aller Kraft
des Mangels Bemängelung und
nicht den Mangel zu beheben.

Berufliche Tragik

Er hat sich so sehr eingesetzt für sie,
damit sie kommt!
Und sie hat ihn schon bald ersetzt durch sich,
damit er geht!

Berührungen

Was er berührt, wird Gold
und somit kalt.
Was sie berührt, wird hold
und somit Halt.

Besonders gute Christen?

Die
Lehre im Kopf,
die Sprüche im Mund:
So leben sie munter
und heillos
gesund!

Besser als

Sich mit Bewusstheit wandeln
und in Bewusstheit handeln,
ist besser als nur anzubandeln
mit In-ter-pre-ta-ti-o-nen.

Bestochen

Und es besticht! Du bist begeistert!
Ach, welch` ein Glück!

Und Du bleibst hinter DIR zurück:
Bestochen!

Betr.:offen

Weil er so äußerst offen,
ist er so oft betroffen
von aller Ungerechtigkeit,
vor allem aber von
der eigenen
Betroffenheit!

Bewaehrung

Wer nichts gewahrt und nichts bewahrt,
wie will der sich bewähren?

Bewusstheit

Erst wenn Dir der Glaube an das Wissen zerfällt,
geben die Ruinen den Blick für Dich frei
zum Horizont der Bewusstheit.

Beziehungstod

Dich verschweigen, um zu siegen?
T o t g e s c h w i e g e n !
Und Dein Sieg?
Unser Tod!

Bin im Ja

Bin nun da, bin präsent.
Bin im Ja ein Präsent,
Jahr für Jahr
für mein
weiteres Leben.

BIN-GEIST-DURCH-WIRKT

BIN-GEIST-durchwirkt,
wenn ich mich nicht verwirke,
indem ich MICH
verwirkliche.
verwürgliche.

Blass-
wie-nie-
Blasphemie

Ach, die Kirche, blass-wie-nie,
IST in sich sich schon
Blasphemie!

Blendend

„Ach,
blendend siehst Du aus!"
sagt er sich oft und weiß:
Es ist kein Kompliment!

Brutverlust

Im Übermut
der eigenen Unfehlbarkeit
verlieren sie in dieser Zeit die eigene Brut!

Christeln

Die meisten Christen, die ich kenne,
sind keine Christen! Sie christeln nur
auf jener Justus - Chrustus - Spur
der Kirchlich-Selbst-Geraechten!

Christenmangel

An der Christen Menschenangel
geriet man in die Christenmangel.
Doch längst befreit vom Christgerangel,
trägt man mit bei zum Christenmangel.

Christsein

Nachfolge Jesu:

W
W   e   g
g

Weg zum Original!
Weg von der
Kopie!

Clerical-Trouble-Kind

In
Double-Mind
the Trouble-Kind
of Double-
Bond!

Deutsch:

Klerikale SorgenART

Im
gespalt`nen Hirn
ein sorgenstarkes Flirr`n
der Doppelbindungs-
Wirr`n!

Computer

Komm, komm, komm
Compu - tu - tu – das!

Dabei-Sein

Dabei-Sein:
Beim Aufgehen der Welt.
Beim Aufgeben der Welt.
Dabei-Sein!

Da - mit

Und ich bin da!
Und ich bin da mit anderen!
Doch bin ich nicht, damit ...!
Denn ich bin einfach da!

DAnk als DUng

Ich bin Da und ich bin Dank.
Und im Da(nk)sein bin ich Dir
auch ein Du(ng) für Dein
eig`nes Da(nk)sein.

Dank in den Tank

Pack Dir Dank in den Tank.
So wirst Du besser fahren,
kommst zur Ruh`, wirst gewahren:
Nur so kannst Du besser leben!

Dankeslachen

Ein frohes Dankeslachen
lässt Kampfverkrampftes krachen,
um uns nicht krank zu machen
beim Nur-Noch-Dampf-Entfachen.

DA-rum

Ich will, ich will, ich will!
Darum:
Ich muss, ich muss, ich muss!

Das Böse

Das Böse ist unkündbar!
Es lässt sich nicht entlassen.
Doch kannst Du Dich von dem,
was Böses überwindet,
entrindet, unterbindet,
ganz einfach tragen lassen.

Das Einzig-Richtige im Falschen

Das Falsche als das Flasche gewahren,
sich in ihm als gefälscht erfahren:
Das ist das Einzig-Richtige.

Das Elektron

Nicht gemessen ist es stets präsent.
Doch gemessen wird es Elektron,
wird es zum Event.

Das Entscheidende

Das Entscheidende: E S I S T:
Ob Du aus den Weltenbanden
schon heraus gestorben bist
und IN-ALLEM-auf-
erstanden?!?

Das Ganze - Licht

Das reine Licht allein ist nicht das Ganze-Licht!
Ihm fehlt Entfaltung seiner Gaben
in der Gestaltung aller Farben
im Lichtspektrum.

Das Kind im Bad

Das Kind und das Bad: Gehen oder bleiben?
Das Bad kommt und geht! Das Kind aber bleibt!

Das
Kreuz
mit der Kirche

Du würdest doch keinem
Gefrierschrank
glauben,
der Dir
den Wert
der Wärme
verkündet!

Das SchLICHTE

Durch
das kein-fach Schlichte
leuchtet das einfach Lichte

Das wichtigste Frage- und Antwortspiel

Worum geht es eigentlich?

Um`s Präsent(-)sein!

das wort als wart des wirtlichen

das wort als wart des wirtlichen
ist wert, zum wirt für Dich zu werden.

Das Wort

Das Wort, es ist im Weltenstreit
die schärfste Waffe. Es verschießt
sein Pulver nicht, zu keiner Zeit,
solange es aus Herzen sprießt.

Dauern

Und dauert es Dir länger,
das lustvolle Erleben,
dann dauert es Dich länger,
ist es nicht mehr gegeben.

Deckfarben-Schicksal

Wo
Rot und Gelb
sich rundum kreuzen,
da kreuzigen sie sich
und sterben
ab
und
auferstehen
gemeinsam in Orange!

Dein jäher Tod

Vor einer Woche haben wir
die letzte Ehre Dir gegeben.
Dein jäher Tod vertiefte mir
die Achtsamkeit für alles Leben.

(Nach der Beerdigung eines Nachbarn)

Dein Jein

Du
sagst zu mir
nicht Ja, nicht Nein,
seitdem ich mit Dir lebe.
Unausgesprochen hält Dein Jein
uns alles in der Schwebe.

Dein Los

Dein Los ist, alles loszulassen!
Und wenn Du nichts mehr hast,
was Du noch lassen könntest,
dann lass auch dieses los

Deine (Ver)Stellung

Ich hab` Dir zu versteh`n gegeben,
wie manche Dinge so nicht geh`n!
Wie Du sie Dir verstellst im Leben,
so werden sie Dir nicht besteh`n!

Deklination des Todes

Der TOD des Todes!
Dem Tode den TOD!

Deklination

Ich lehre:
die Lehre der Leere,
der Lehre die Leere!

Dem Tod geweiht

Welt, Zeit, Sterblichkeit!
Un-ersätt-liches Gekreise
in der stets vertrauten Weise
darum, was dem Tod geweiht.

Demontage

Sie
bemühten sich
vergeblich,
Zuversicht
zu demonstrieren.

Den Tag gewinnen?

Wenn Du den Tag gewinnen willst,
verlierst Du Dich in Deinen Zielen,
weil Du Dich mit Verrinnen stillst
in den Gewinn-Verlierer-Spielen!

Denken verformt

Denken, es lebt in der Zeit.
Es verformt die Ewigkeit
hin nur zu Unendlichkeit.

Denken - Danken

Im Danken, da wanken
die Planken nicht mehr,
so wie im Verrenken
beim Denken.

Dennoch lebendig?

Wer sich in einer Krise
mit einem Freunde tot stellt,
wie will der vor dem Feinde
denn noch lebendig sein?

Der GEIST weht mich heim

Bei den Wehen hab` ich Heimweh
nach der Heimat vor den Wehen.
Doch das Wehen treibt mich weiter
in mein endgültiges Heim.

Der große Unterschied

Urschrei des Egoisten:
"Rette sich, wer kann!"
Aufschrei des Egomanen:
"Rette mich, wer kann!"

Der Plus-Kuss und das Minus-Muss

Die W e l t als Minus ist ein Muss.
Als Plus ist sie ein Todeskuss
ins Dürfen.

Der Sinn als Nichts-Als?

Die Auffassung, der Lebenssinn
sei nichts als eine Einbildung,
ist nichts als eine Modemeinung,
in der das Nichts-Als Alles ist!

Der Tod der Faust

Die Faust als die bewehrte
Präsenz geschlossener Hand.
Der Tod der Faust als die
bewaehrte Präsenz
der offenen
Hand.

Der Tod?

Ist der Tod, der Allerfurchtbarste,
der aller Furcht
barste?

Der Ton

Un-erhört ist der Ton
in der Schwingung ganz präsent.
Doch gehört ist er schon
inkarniert
im Hör-Event.

Der Warter

Wartend   erschauen!
Wortend   verdauen!
Wartend   erbauen!
Hortend vertauen!

Der WEG

Nicht
suchen!
Nicht streben!
Gelassen einfach leben!
Im Wesentlichen NICHTS-Tun wagen!
Nicht einmal N E I N zum Leben sagen!

Diamantener Imperativ

Den
gefall`   nen
Dia-   man-
ten,   den
im   Kot
ver-   sun   -ke-
nen,   den
sollst   Du
verehren!
Und
nicht
den Kot,
aus dem er strahlt
weiterhin begehren!

Der Zwinger-Bringer?

Ist der Zwinger, in dem Du haust,
für Dich der Bringer, dem Du vertraust?

Deutsche Wiedervereinigung (1994)

Vereint sind wir vereist.

Dich abfinden oder neu einfinden?

Was willst Du? Dich abfinden
im Feuer der Anfeindung
oder Dich neu einfinden bei
der Feier der Ent-Feindung?

Dich ÜBERSTEIGErN

Dein - Dich - Übersteigern
stets DIR-SELBST verweigern!
Und im Heilen-Schweigen
Dich NUN übersteigen.

Dichten wie Cezanne malte

Wer dichten kann, un-mit-tel-bar,
so wie Cezanne im Alter malte,
der dichtet im Anwesenden
Anwesenheit.

(frei nach Heidegger)

Die falsche Wahl

In
dem
Moment,
Herr General,
als die Granate Sie zerriss,
erkannten Sie die falsche Wahl,
die sie gefällt, Herr General,
im Lebensquiz!

Die größte Köstlichkeit

Es ist die größte Köstlichkeit,
präsent zu sein, die Welt als ein
Präsent zu schau`n und zeitbefreit
in ihr auch ein Präsent zu sein!

Die halbe Wahrheit

Die halbe Wahrheit
ist immerhin die halbe Wahrheit!
Wenn sie jedoch als ganze sich gebärdet,
ist sie als Wahrheit ganz schön gefährdet.

Die Kunst der Kunst

Läuten:
Dass die Leute hören,
schauen, sich ergreifen lassen,
sich an ihr im Eigenen **läutern**,
ohne ihnen irgendetwas
zu
erläutern.

Die Lauteren

Die Lauten werden die Leisen sein!
Die Leisen werden die Lauteren sein!

(Abwandlung eines Jesus-Wortes von den Ersten und den Letzten)

Die Lehre leben?

Die Lehre von der Dialogik
hat er stets blendend rezitiert,
doch stümperhaft nur rezipiert
in seinem hochgelehrten Leben.

Die meisten Christen

Sie sind nur noch gemeindefest
beim jählichen Gemeindefest.

Die Nähe der Ferne

Im trauten Nahkontakt zu seiner Frau
verging ihm stets die Lust auf sie
und kam erst langsam wieder
in ihrer Ferne.

Die Sterbenden

Die Sterbenden, sie mahnen uns,
mit ihnen zu erwachen
aus unserer Zeitge-
bundenheit.

Die Suche

Die
Suche ist so
eine
Sache!

Dies Alles

Dies Alles ist
mir noch
nicht
ALLES!

Diesseits von Schachmatt

Verschlagen sich den Atem
und halten sich in Schach.
Und könnten sich doch freier
atmen lassen, unverzollt,
diesseits von Schachmatt.

Dir und Mir

Mir
präsent-sein,
Dir Präsent sein!

Doppelter Ursprung

Vom Eingefangenen in grundhafte Gebundenheit
zum Umfangenen von grundfreier
Anwesenheit.

Dran glauben!

Der **G**anz-**G**ewisse-**G**lauben
wird **g**anz **g**ewiss
dran **g**lauben!

Dreitaktiges Horchen

Auf Richtendes hinhorchen.
Beim Aufrichtenden aufhorchen.
Dem Weg des Aufrichtenden gehorchen.

Drogen-Versprechen - Drogen-Verbrechen

Ihm haben Drogen viel versprochen,
nichts gehalten, ihn betrogen,
ihn gebrochen, früh zum alten
Eisen ihn gemacht!

DU - DA!

DA-sein, Dank-sein! DU-sein, DUng-sein!
Für das DA-sein DAnk-sein
und das DU-sein
DUng-sein!

Du bist gebrochenes Licht

Du
bist in
Farben und in Formen
gebrochenes Licht
inmitten
von Farben
und Formen.

Du ethikst noch zuviel!

Du tickst noch nicht ganz richtig!
Du ethikst noch zuviel!

Du stehst Dir noch bevor

Und stehst vor Deinem Spiegel.
Es fremdelt das Vertraute.
Du schaust
DICH
und es graut Dir:
Du stehst Dir noch bevor!

Duell des Zweifels

Wenn ich zweifle,
bin ich zwei,
bin dual
und
duellier`
mich mit mir.

Durch
Krankheit
Gegenwärtigkeit

Meine Krankheit zwingt mich hart
in die Gegenwart und   gleichzeitig
befreit sie mich zur Gegenwärtigkeit.

*(nach einem Ausspruch von Hans Lehnerer/Künstler-
mittlerweile mit 40 Jahren gestorben - erkrankt an ASL,
einer Viruslähmung: „Meine Krankheit zwingt mich
zur Gegenwart und befreit mich zu ihr.“
TV an 11.09.95)*

Durchgang als Leidensweg

Der Durchgang in die neue Weite
ist auch Durchkreuzung alter Engen,
ist Abschied von geliebten Zwängen:
Ein Leidensweg ins stets Befreite!

Durchkreuze sie!

Wo
Du sie
triffst, durch-
kreuze sie: Jedwede Ideologie!
Und wisch und weg!
Der Rest,
der
bricht von
selbst zusammen.

D-u-r-c-h-l-ö-s-t !

Durchlebt! Durchliebt!
Durchlitten!
Durch-
löst!

Echter Dialog

Ich setze meine Position
und trete in Kontakt.

Nicht jedoch:

Ich setze mich in Position
und trete den Kontakt.

Ego und Kaiserliches SELBST

Das Ego als Premierminister ist
nicht primär, ist sekundär!
Primär ist stets
das Kaiserliche SELBST!

Ego vehement

Stete Abwehr! Vehement!
Weg von jedem Weh-Event!

Stete Hinkehr! Vehement!
Hin zu jedem Wohl-Event!

Ego-Medaille

Und kämpfen! Und schießen!
Erobern und genießen!

Die andere Seite der Medaille:

Bekämpft! Beschossen!
Erorbert und genossen!

Ego-Sprung

Mein Ego, es hat einen Sprung,
denn die Präsenz, die allumfassende,
sie hat mich angesprungen.

Ehebinder?

Sind nur noch Kinder Ehebinder,
im Ehewinter frühlingshaft,
verwittern sie in
Frühlings-
haft.

Ehekrise

Von Widereinander
zu Wieder-Einander,
von Gegeneinander
zu Gegenseitig.

Ehe-Krisen-Imperativ

Nutz` die Chance in der Krise,
die Beziehung zu vertiefen,
in der Tiefe zu vertäuen,
statt sie nur noch zu verteufeln!

Ehrgeiz als Zeitgeiz

Es geizt ihr Ehrgeiz mit der Zeit.
Er gönnt sie ihr nicht,
um zu leben!

Ein rechter Christenmensch

Ein rechter Christenmensch
richtet sich aus an …, um … zu …

Ein echter Christenmensch
richtet sich auf in …, ohne um zu …

Ein guter Dirigent

Ein guter Dirigent
ist immer ganz präsent
und damit ein Präsent
für Musiker und Publikum.

EINHALT GEBIETEN

Der
Minusweise
Ein-halt ge-bie-ten:
Einen Halt bieten
in der Plus-
gestalt.

Ein-Bruch

Was um mich abbricht.
Was in mich einbricht.
Was in mir anbricht.

EINE REINE

und
meine reine
trifft deine reine
im nu ist keine
meine deine

IM NU
IST
EINE
REINE

Eine
„wahre Christin"

Frustbereit verlebt sie sich
in aufgesetzter Freundlichkeit!

EINE - WELT

Du solltest immer daran denken,
das Deinige kann Dich verrenken,
wenn Deine eigene kleine Welt
nicht mitschwingt mit der
EINEN-WELT.

Einfach D A S

Einfach D A S :
JETZTSEITIGKEIT!
Konkret und Krass:
In aller Zeit!

Einfach keinfach!

„Wenn es so einfach wäre,
dann wäre es zu
einfach!"

„Es ist
viel einfacher!
Denn es ist einfach keinfach!"

Eingeborene Plusgestalt

Sanft drängt und zieht es mich
zur eingeborenen Plusgestalt
und heilt im Gegenstrich
die Schläge aus dem Minushalt.

Eingeigelt

In Deinem schutzengen Haus
hält es kein Schutzengel aus!

Einsicht

Die Einsicht nur, sie ist das Licht,
das alle Selbst-Verknebelung
in bunter Denk-Vernebelung
mit ihrem Strahl aufklarend bricht!

Einstehen

Wir müssen es uns eingestehen
und müssen dafür einstehen.

Ein-Tritt für den Austritt

Tretet in der Kirche ein
für den Aus-Tritt aus ihr!

Einzig und allein

Was mich an Eurem Glauben
allein nur interessiert, ist,
ob er Euch erlauben kann,
was Euch zur Heilung führt!

Endlich begreifen

Willst Du das LEBEN Dir erdenken,
wirst Du-Dich-in-Dir-selbst verrenken.
Das LEBEN wirst Du nur begreifen,
lässt Du-DICH-IN-IHM reifen.

Endlich aufhören!

Hör` endlich auf,
Dich Zug um Zug
...........................!
Hör` endlich auf,
Dich zu ....,
um zu................!
Und höre
endlich
auf!

Endlich leben!

Endlich
leb` ich endlich!
Endlich nicht nur emsig!

Entsterben

Sterben enterbt Dich zeitlicher Hülle!
Du aber erbst im Jetztseits die Fülle!

En^tdgegen

Gegen Ende ihr entgegen
In der Wende auf den Wegen
Von der Traufe in den Regen
Aus der Fremde in den Segen

Entfache Dich

Dein Ego facht das Vielfältige und
macht es sich zum Mannigfachen.

Entfache nun das Vielfache
ins Einfach-Mannigfältige.

Entfaltung

Fall` nicht herein
auf Dein-In-Dich.
Entfalle Dir!
Und,
Dir entfallen,
entfalte DICH.

Entgegen allem Mode-Trend

Verweig`re mich eventuell
dem herrschenden Event-Duell
und leb` mein Leben als Präsent,
entgegen allem Mode-Trend.

Entgegnern

Entgegen unserer Gegnerschaft
entgegne ich entgegnernd Euch.

Entsage der Entsagung

Entsage
allem, was Dich nur
mit sich verklebt auf Deiner Spur.

Entdecke Dich im E I N E N - N U N:

Durchwirkt es dann Dein eigenes Tun,
entsag` auch der Entsagung.

Entscheide Dich!

Ent-scheide
Dich nun, was Du willst!
Vehement sein, ein Event sein
oder lieber doch präsent sein
und anderen ein Präsent sein?

Entwöhnt

Ich hab` mich von Dir entwöhnt!
Die Gefühle zu Dir schweigen!
Tanzen nicht mehr jenen Reigen,
der vor Jubel von Dir tönt!

Entwöhnung

Noch leb` ich in Entwöhnung
voreiliger Versöhnung!

Erden-Sinn

Ich brauche NICHTS zu werden,
weil ICH schon ALLES BIN.
Doch soll ich dieses ERDEN:
Das ist der ganze SINN!

Erfundensein

Ich find` mich vor
in dem an mir
vollzogenen
Erfundensein.

... ergo sum

Jetztseits bin ich,
also bin ich.

Erklären und Begreifen

Ich begreife vieles,
obwohl Ihr es
mir dauernd
erklärt!

Erlauschtes Leben

Wo Menschen
einfach lauschend leben
und das Erlauschte miteinander
im Austauschen konkret erstreben.

Erlauschen

Die
Welt ist Klang!
Lauscht Du nicht mehr,
so wirst Du krank
im Weltver-
kehr!

Ernste Frage

Und Du erwachst und Du gewahrst,
Du lebst auf Kosten anderer,
die dafür darben müssen.

Was tust Du dann?

Erringen

Das Un-zer-stör-ba-re
lässt sich nicht zwingen!
Du kannst Dir nur
Zerstörbares
erringen!

Erschau_{er}t

Nach einer Weile in der Stille
zerfiel ihm seine Sichtenbrille.
Und jäh erschaute er die Fülle
der WIRKLICHKEIT
ganz ohne Hülle.

Erschöpft

Er-schöpft vom
täglichen Gelebe,
erschöpf` ich MICH
noch lange nicht
in ihm!

Er-SINN-en

Offensichtlich sehe ich
keinen Sinn mehr darin,
mir den Sinn zu ersinnen.

Erspartes

Was hast Du Dir an Leid erspart
auf Deiner Flucht ins
Angenehme?

Erstklassig?

Wer stets ein Erstklässler bleibt,
wie will der erstklassig werden?
Es reicht nicht aus, sich erstklassig
vor allen anderen zu gebärden!

Erstreben - Ersterben

Das Erstreben des Eigentlichen
tötet es! Und es stirbt!
Sein Ergebnis ist die Leiche,
die auf Eigentlich-Lebendiges verweist.

Erwachen

Aus-
gestanden?
Auferstan-
den!

Erweiterte **Lebensmaxime** **von Reiner Kunze**

Alles
Leben ist absurd!
Gleichnis sei uns der Tumor!
Nur die Liebe,
sie errettet!
Und
natürlich
der Humor!

Es bleibt nichts heiß

Das Zeitnichts weiß:
Es bleibt nichts heiß!
Auch Qual und Leid
zerfrisst die
Zeit!

(Das Wort: Zeitnichts
stammt von Rose Ausländer)

Es den Sorgen besorgen

Wer seinen Sorgen es besorgt,
der zeugt mit ihnen
neue Nöte.

Es
dreht allein sich
nur um`s Jetztseits

Nicht Innen, nicht Außen,
nicht Diesseits, nicht Jenseits!
Es dreht sich allein nur
um`s Jetztseits!

Es endet alle Lyrik -Theorie

Es endet alle Lyrik-Theorie im Dichten.
Und sie vollendet sich in ihm.

Es geht um MEHR

Es geht nicht nur um mich,
es geht um MICH.
Es geht nicht nur um MICH,
es geht um MEHR!

Es gipfelt im Gipfel

Es ist der Gipfel, zu glauben,
der eigene Glaubensweg zum Gipfel
sei der all-ein`zige Gipfelweg.

Es hat auch mir
genützt.

Dich
geschützt,
Dich gestützt,
hat auch mir
genützt.

ES ist einfach DA

Im Haben ist ES nicht zu haben.
Zu haben ist ES nicht im Sein.
Im Haben scheint ES vielfach durch.
Im Sein, da ist ES einfach DA.

ES IST GEGEN-
WÄRTIG-
KEIT

In der
Zeit erblühen wir,
welken, fallen nieder.
In der Zeit verglühen wir,
kommen nicht mehr wieder.
Mit der Zeit durchschauen wir:
ES IST GEGENWÄRTIGKEIT!

Es ist nicht zu fassen

J E T Z T S E I T S :
Es ist nicht zu fassen.
Du kannst Dich nur
von ihm erfassen
und durchlösen
lassen.

ES IST, WIE ES IST!

ES IST, WIE ES IST!
Bist Du mit ihm im Zwist,
dann ist es meistens Mist!
Sonst ist es, wie es ist!

Es reicht nicht!

Es reicht nicht,
wenn Du Dein Gefängnis
mit neuen Farben renovierst,
die frisch gestrichene alte Engnis
als neu gewonnene Freiheit kürst.

Etwas dran tun

Entweder wir tuen etwas dran,
oder es tut uns etwas
an!

Event-Tick

Ver-Sprechen das Präsentische
und bieten nur Präsent-Tische,
beladen mit Eventischem,
denn sie sind ja Event-
Ticker.

Event-Bruch

In dem Moment, in dem bewusst
präsent Du bist und ein Präsent,
zerbricht Dir jedes Zeit-Event.

Eventische Sehnsucht

Das
Glück soll
uns glücken,
das Leiden uns meiden!

(betont auch das Dalai Lama-chen!)

Event-Transparenz

Im zerblickenden Durchschauen
konsequent und vehement
das Event als Präsent
transparent werden
lassen!

EWIGKEIT IST Keine-Zeit

EWIGKEIT
dauert
nicht!
Sie IST
Keine-Zeit!
Würde sie dauern,
würde sie versauern
als Unendlichkeit
in Zeit!

Experimente

Experimente der Wissenschaft:
Weisen beweisen.

Existenz-Experimente:
Weisheit erweisen.

Face and Faith

Zu mir
spricht Dein Gesicht,
was Du jetztseits
wirklich glaubst.

Falling in Love

Da
braut sich eine
neue Braut zusammen!

Falsche Süße

Ent-
ziehst Dich mir,
verweigerst Dich
dem Brot des Lebens
und bringst mir
dafür Kuchen
mit.

Falschheits-Fälschung

Fälsche Deine Falschheit,
bis sie fällt und fault
verwest und
vergeht!

Fassadenleben

Nach außen wirksam geschützt.
Nach innen würgsam geschlitzt.

Fassungs-Priorität

Die Umfassung sein?
Der Auffassung sein?

Fatale Folgen

Als er
sich bei ihr
versprach!

Feindes Lob

Wenn er mich lobt,
will er mich tadeln,
nicht adeln!

Fiel zu viel!

Und fiel zu oft
und ließ sich viel
zu viel gefallen!

Flammende Gleichheit

Den
Flammen ist,
- ob arm, ob reich -
was sie
zerfressen,
völlig gleich!

Foerderung

Ich
hab` mich
nicht zu richten auf …!

Ich
hab` mich auf-
zu-
richten!

Folge-Falle

Wer daran Gefallen findet,
anderen zu gefallen,
wird sich damit selber fällen
und als Folge dann auch fallen.

Fragment und Ganzes-Rund

Im Stolpern von Event zu Event
zersplittert sich das Leben zum Fragment.
Denn ohne In-ne-hal-ten im Präsent(-)sein
stellt LEBEN-SICH als Ganzes-Rund nicht ein.

Frei und wahr

Sie verkünden Dir die Wahrheit,
die Dich frei macht
und verweigern Dir die Freiheit,
die Dich wahr macht!

Freiheit in neuer Luxushaft

Halb befreit und halb schon
wieder neu verkettet in
die Befreiungs-
Ideologie
und so
die Freiheit
von und zu in neue
Luxushaft genommen.

Freiheitsraub

Sie
wollen
mir die Freiheit nehmen,
zu
geben,
was ich
geben will!

Freiheits verk/entm ündigung

Die Freiheit, die ihr proklamiert,
durchlebt ihr nicht, vielmehr kastriert
ihr sie, nachdem sie Euch verkündet:
Damit sie nicht in Freiheit mündet!

Freundschaft

Ein Freund ist doch vielmehr als ein Kumpan,
der Dir nur hilft, Dich möglichst wohl zu fühlen.
Denn Freundschaft kreist auf einer anderen Bahn
um eine Mittenachse zwischen allen Stühlen.

FRIsST

Es gibt keine Ewigkeit!
Es gibt:
Nur FRIST.
Nur Zeit, die frisst!
Die Ewigkeit:
Sie IST!

Fundamental-Qual

Alles, was fundamental,
bringt real doch nur Qual!

Für eine neue Dichte

Gewichte
die Wichtigkeit der Wichte!
Belichte ihre Nichtigkeit! Verzichte!
Entpflichte Dich und sei bereit
für eine neue Dichte!

Gastfreundschaft

Ich bin bei Euch ein Gast auf Erden
und möcht` auch so behandelt werden,
vor allem von mir selbst.

Gemeinte Laufrichtung

Das Lichtende verdichten!
Auf Nebelndes verzichten!
Sich aufrichten, nicht ausrichten!
Das ist die Richtung, die ich meine!

Geschlechter-Krampf

Er aufrüstet sich in die
All-Gewalt seiner Büste!
Und sie brüstet sich mit der
Prall-Gestalt ihrer Brüste!

Gewoehnlich

Verwöhnt
von lauter Wohnlichkeit!
Verwohnt in der Gewöhnlichkeit!

Gefunden

Ich bin
kein Sucher mehr und
auch kein Finder:
ICH BIN
GEFUNDEN!

Gegen die Bibliolatrie

Die Worte,
die auf das Göttliche weisen,
sind Worte, die auf das Göttliche weisen,
doch sind sie als Worte nicht göttlich zu preisen!

Gegensteuern

Die Negation
der Negation erliegt,
trotz bester Intuition,
in Gegenwehr der
Negation!

Gegenwart gegen Euch!

Gegen   Eure   harte   Warte:
          Gegenwart!
Gegen   Eure   Horte-Worte:
          Gegenwart!
Gegen   die Verwerter-Werte:
          Gegenwart!

Eine geglückte Biografie

Frei
geboren,
kaum
geschoren, ausgegoren,
sich
verloren,
eingefroren,
abgeschworen,
auserkoren.

Eine
normale,
missglückte Biografie

Frei
geboren,
eingefroren,
abgeschoren,
eingeschworen,
aus- er- ko- ren,
sich vergoren,
sich verlo-
ren.

Geleerter Gelehrter

Er hat mich gelehrt,
ein Gelehrter zu werden,
indem ich mich selber
lehre/leere.

GELTUNG

ER WILL GELD UND OHNE
WENN UND ABER GELTEN!

Geminust

Wird das Minus nicht geminust
durch das Kreuz des Plus,
herrscht schon bald
ein hartes Muss
und zersplittert
alle Welt.

Genesung als Präsent

Und der
Kranke ersehnt sich
die Genesung als Event.
Und sie wird ihm nun schlicht
zu dem höchsten Präsent.

Gerade gekrümmt

Alles Krumme ist nicht gerade.
Jetztseits nur ist nicht gekrümmt.
Jetztseits nur ist gerade.

....gerichtet?

Eingerichtet und ausgerichtet
werde ich belichtet.
Aber erst aufgerichtet
BIN   ICH
auch
gelichtet.

Gescheitert lichterloh

Lichtvoll leben wollte er, ohne Dunkelheit!
Gescheitert ist er lichterloh an der Dunkelheit.

Geschenkt!

ES schenkt Dich mir ein!
ES schenkt mich Dir aus!
Wir werden ein-
ander
geschenkt!

Gewahren und bewahren

Gewahren, was zu bewahren ist,
und sich bewähren im Bewahren.

Gewahren

Die Dinge lassen und überschreiten,
gezogen hin …, gefunden von …!

Gewahrensweg

Ich gewahre:
Wie es in mir sich verwohnt.
Ich gewahre:
Wie es sich in mir entthront.
Ich gewahre:
Wie`s sich neu in mir vertont.
Ich gewahre:
Es hat sich gelohnt!

Gewahrsein

Will sich ein Messer selbst gewahren,
muss es schneiden, schneiden, schneiden:
Und dabei wach und achtsam meiden,
sich im Geschnittenen zu erfahren.

Gewichtiges sichten

Was sich im Alltag wichtig macht? Gewichten!
In ihm das Allerwichtigste nun sichten!
Und im Gesichteten, Gewichteten
Gewichtiges berichtigen.

Gewinn-Verlust

Ein Teil des Ganzen eingefroren
und nach dem Auftauen auserkoren
zum Ganzen, das im Teil geboren.
Was ist gewonnen, was verloren?

Gipfelerfahrung

D A ...,
vom Gipfel
gewahre ich - wenn
auch nur - einen Zipfel.
Doch es reicht schon, denn ich
weiß nun, dass ein Gipfel I S T !!!

Gipfel-Zipfel der Wahrheit

Wenn
einer meint,
er sei zum Gipfel
der Wahrheiten geführt,
nur weil er einen Zipfel
derselben sanft berührt, der irrt.

Glanz-Wille

Als der Größte will er glänzen
vor den Leuten, lobt sich weg
und entlaubt sich seines
Leuchtens.

Glaube an ...

Der
Glaube an ..., egal, an was,
ist Glaube an ..., um zu ...,
der stets in die Ver-Haftung zwingt:

Aus   Ego-Haft   entsprungen,
das   Ego-Lied   gesungen,
im   Ego-Trip   verklungen.

GLAUBE und Geglaube

Der
GLAUBE,
der marschiert
nie mit im
Einheits-
schritt.
Und
kommt
er Dir doch
so daher, ist
er viel-
mehr

die
Maske nur
verängstigten
Geglaubes.

Glaubens-ver-haftet?

Wenn Dein Glauben Dich verhaftet,
wie willst Du dann befreiter leben?

Glaubenskrank trotz
Kirchlich-
keit

Und fühlen
sich wohl in dem Gestank
wohltemperierter Freundlichkeit.
Und merken nicht, wie glaubenskrank
sie sind trotz aller Kirchlichkeit!

Gleichung und Gleichnis

Eine Gleichung ist Nichts-Als …
Ein Gleichnis ist Mehr-Als …
Doch als Gleichnis ist
die Gleichung auch
Mehr-Als …

Glücklich werden

Willst Du wirklich glücklich werden,
streb` es niemals an auf Erden,
sondern teil` einfach Dein Leben
mit jenen, die Dich jetzt umgeben.

Gnadenlos

Die Gnade aller Wahrheit
IST
die gnadenlose Klarheit.

Goldener Oktober

Vergoldet sich das Grün,
vergilbt es, rostet rötelnd
und endet faulig
braun.

Gott-los-sein

**Die
Menschen
sind nicht gottlos!
Sie sind nur Euren Gott los!**

GRAUENHAFT

Weil ich im Bunten leben will
und nicht nach Eurem Grau-in-Grau,
schwärzt Ihr mich an und weist mich aus!
Mir graut vor Eurer Tönung!

Grinsgrenzen

Und er
sucht
mich anzugrinsen,
um sich von mir
ab-zu-
grenzen.

Gutgemeint

Die Ausrichtung des Menschen an
dem, wenn auch ach, so gut Gemeinten
schlägt ihn stets neu in ihren Bann
des, wenn auch ach, so gut Verneinten.

Hoffen

Im
Worte „Hoffen"
versteckt sich still
das Wörtchen
„offen"!

Hasst Du Deine Chance?

Hasst Du Deine Chance,
dann hast Du sie auch schon verpasst.
Und dies verpasst Dir das, was Du
dann noch stärker hasst.

Haben und Hassen

Du hast Probleme, die Du hasst!
Du hast sie, weil Du hasst!

Haften

Hafte
nicht an …!
Hafte für …!
Doch hüte Dich,
am Haften für
zu haften!

Hakenkreuz

Ein Hakenkreuz, das ist ein Kreuz,
das um sich selber kreist, und
alles, was in seiner Nähe
ist, zu Tode reißt.

Halleluja-Gestank

Der scheinheilige Wohlgeruch
entpuppt sich nach des Scheines Bruch
als Halleluja-Gestank, von innen her
verfault und krank.

Haltlos

Haltlos
lallt bloß!
Erst im Halt
spricht Gestalt!

Hasst Du sie noch alle?

Ach, sag` mir, warum hasst Du sie?
Hast Du sie nicht mehr
alle?

Haut und Hirn

Die Haut überdauert,
was Hirnhärte mauert.
Denn Haut ist weiser
als Hirn!

Heilende Gegenwart

Im Dampfbad
heilender Gegenwart
der abheilende Widerpart
der aufheulenden Lebensart,
die dauerstartet, atemlos,
ins Eilende.

Heiliges durchgeschwitzt

Heiliges
will nur durchschwitzt
zur Sprache kommen, nicht aber
eilig überschwatzt, Ihr Gottes-Künder.

Hei-
rats-
angebot

Dein angst-
ver(dra)engtes
N e i n   z u m   T o d
als Abwehr in der Ego-Not
ist ihm stets Heirats-
angebot.

Herrschaft des Kopfes

Zu Gunsten der Sinne
den Kopf nicht verlieren,
sondern seine Stellung
nur relativieren.

Herz-Präsenz

H E R Z,
das umarmt,
liebt und erträgt.
S   I   C   H
der Schmerzen erbarmt,
seine Hilfe nicht
wägt!

Das Heuchel-Meuchel-Verhängnis

Die Meuchel-Strafe: Äußeres Gefängnis!
Die Heuchel-Strafe: Innere Bedrängnis!
Alles nur Verhängnis!

Heutige Schule

Schule heißt auch:
Aufbereiten unserer Kinder,
dass sie wesensblind,
fröhlich in den
Abgrund schreiten!

Himmel und Hölle

Die Hölle
ist ein Ort der Haft
in stumpfer Gleichgültigkeit.
Der Himmel ist ein Ort der Kraft,
schenkt liebende Gelassenheit.

Hingabe oder Hergabe?

Wer nicht bei sich selber ist und
so von SICH-SELBST nichts hat,
wie will der sich hingeben?
Er gibt sich nur her!

Hinter`m Grund ist Hirtengrund

Und finster ruht der Hintergrund!
Bedrohlich wie ein Höllenschlund!
Aus ihm tritt jetzt,
oh Schreck, ein Hund!
Ein Höllenhund? Ein Hirtenhund!
Denn hinter`m Grund ist Hirtengrund!

Höchste Geltung

Gold und Geld, es galt und gilt
und wird noch lange
gelten.

Hoffnung auf Zukünftige

Im osternwärts zwar Angestrebten,
doch kirchlich westernwärts Verlebten:
Die Auferstehung ihrer Glieder
im Auszug aus dem Kirchenmieder.

Human-Evolutiv

Ein-sam
Zwei-sam
ACHT-sam

ICH BIN

ICH BIN
ein Prisma,
bin aus Licht,
in dem das Licht
sich farbig
bricht.

WIR SIND

WIR SIND
wie Prismen, sind aus Licht,
in dem das Licht sich farbig bricht.

ICH BIN es schon!

Un-
endliches Verlangen
nach Ewig-Sein im Endlichen
ist gründlich mir
vergan-
gen:

Ich
schaue jetzt:
ICH BIN es schon!

Ich bin nicht Nur-Normal

Ich habe mich von Kindheit an
stets fremd gefühlt bei den Normalen,
die sich wie unter einem Bann
im Normgerechten nur verschalen.

Ich
find` mich
als gefunden vor
vom
EINEN
IM-EINEN

Ich kam, sah und starb

Ich kam, sah und starb
aus dem Gewöhnlichen
und auferstand jetztseits
im Versöhnlichen.

Ich leiste mir Verzicht!

Ich will doch gar nichts werden,
weil I C H schon alles B I N.
Ich pfeif` auf die Beschwerden
vom dau-ern-den Gewinn.
Ich leiste mir Verzicht!

Ich sehe, was ich sehe

Ich sehe, was ich sehe.
Doch dass ich seh` und wie ich seh`
entgeht mir bei dem, was ich seh`!

Ich sterbe, also bin ich!

Mein EGO stirbt, doch LEBEN wirbt
mit neuen LEBENsweiten!
Ich sterbe, also bin ich!

(Für Jean Gebser)

Ich-tig?

Nichtig-Wichtig! Zwiegesichtig!
Was ist Nichtig? Was ist Wichtig?
Und worauf verzicht` ich?

Ideologen

Wie Gespenster sind sie,
werfen keinen Schatten,
doch entwerfen ihn!
Wehe, wenn wir
folgen!

Ihr
Bestes

Sie tut ihm nur,
dem eigenen Mann,
sein Bestes wollend,
ihr Bestes an.

Ihr Schicksal

Ihr Schicksal:
Chic - sein!
Tod - chic!

Im Dank

Sieh da! Ein Kelch!
Ein Trank dem Durst.
Nimm hin und trinke,
Schluck für Schluck
und Glück auf
Glück.

Im
Dank
reichst Du
den Kelch zurück.

Im Glanz verstummt

Manchmal
leuchtest Du wortlos.
Willst Du aber glänzen,
verwortest Du Dich!
Und Dein Leuchten
verstummt.

Im Grunde

Im Grunde spielst Du keine Rolle!
Im Grunde   B I S T D U
EINFACH D A !

Im Jetztseits erwachen?

Willst Du Dir eine neue Le/e/h/re machen
oder willst Du hier im Jetztseits
erwachen?

Im Lachen

Geflecht meiner Fluchten:
Im Lachen durchlöchert,
gelüftet, geliftet,
durchlichtet.

Im Nu der Jetztseits-Frieden

Der
Krampf
endet Im-SICH!
Der Kampf wendet sich:
Es spendet sich-im-Nu
der Jetztseits-Frieden.

Im Richten aufrichten

Wer mich nicht liebt, darf mich nicht richten.
Und wer mich liebt, wird drauf verzichten.
Geb` ich ihm Anlass, mich zu richten,
wird liebend er und frei von Hass,
im Richten stets mich aufrichten.

Im Verborgenen

Dein Leben im Verbogenen,
das Dir verborgen
ist.

Im Vergehen geht es um...

Geht`s Dir gut, wird`s vergeh`n.
Geht`s Dir schlecht, wird`s vergeh`n.
Im Vergehen geht es um ...
Doch worum?

Im Walten mitwalten

Und im Walten mitwalten!
Sich im Waltenden entfalten!
Und es nicht nur mitverwalten,
was im Walten überwe(l)ltigt.

Im-Zwischen

Zwischen allen Stühlen
sitze ich inzwischen
Im - Zwischen.

Immer ganz in Allem

Und DU BIST
immer GANZ in Allem,
doch ist es Dir nicht immer
in allem ganz bewusst.

Imperativ des Gewahrens

Denke nicht: Gewahre!
Schaue hin! Höre hin!
Spüre, spure und versprühe,
was im Schauen, Hören, Spüren
sich Dir offenbart!

In der Stille

In der Stille der Besinnung
quillt Dir stillende Gesinnung.

In die Freiheit kippen

Gewahre jede falsche Sicht
als falsch! - Und sie zerbricht!
Sie löst sich auf und schmilzt dahin.
Du kippst in den befreiten Sinn
im achtsamen Gewahren.

(frei nach Krishnamurti)

In Ermangelung des Mangels

Den Mangel, den wir jetzt beklagen,
ermangelt es in WIRKLICHKEIT.
Die Fülle, der wir nachjagen,
ist vor der Zeit schon
für die Zeit.

In Frage stellen

Wir stellen alles in Frage:
Vom eigenen Dogma* aus gesehen.
Wir stellen alles in Frage!
Vom eigenen Dogma* abgesehen!

*(statt *Dogma auch Axiom)*

In Haft

Auch wenn Du Dich dem Höchsten,
Befreienden verhaftest, bleibst Du in Haft!

In ihrem Element!

Heute konnt` sie wi(e)der helfen,
und so war sie wieder in ihrem Elemensch.

In welchem Lichte baden?

Im
Lichte von Innen
einfach baden und leuchten!
Im Lichte von anderen
vielfach baden und
glänzen!

In Worte fassen

Wie
kann ich das
Umfassende erfassen
um es in Worte zu fassen?

In der **Sekte**

In der Sekte wurde sie
geistig zum I n s e k t e

Ins Abseits

Du gehst den Weg, der Dich ins Abseits führt!
Und wolltest doch zum Aufwärts
hingelangen!

Intendiere

Intendiere, in keine Richtung
zu tendieren, sondern intendiere,
Deine Aufrichtung zu intensivieren.

Inzwischen Im-Zwischen

Inzwischen bin ich Im-Zwischen gelandet.
Die Zwischen-Landung Im-Innen,
sie ist für mich gestrandet.
Inzwischen bin ich
Im-Zwischen
gelandet.

In-Zwischen

In-
zwischen
im Zwischen-Reich
der
Auf-
richtung
eingerichtet.

J$_{a-N}$ein

Die Angst vor`m Ja, die Angst vor`m Nein
führt nur zum Jein, zur Flucht
vor`m Leben in die
Angst.

Ja
als Nein
zum JA

Das Ja des Frostes
zum   Gefrierenden
ist zugleich das Nein
zum tauenden JA
der wärmenden
Sonne.

Jammern und Klagen

Im Schmerz das Leiden und
sein Jammern durchschauen:
Und dann heilsam klagen!

Je nachdem

ich bin stets licht, doch schau ich`s nicht
seh` mich als teilchen oder welle,
je nach betrachterquelle.

Jesu Kirchenaustritt

Und
weil er lebte,
was sie nur verkündigten,
trat er aus jener Kirche aus,
die sich auf ihn
berief.

Jesulatrie

Jesus only?
Jesus onely?
Lonely Jesus!

Jetztseits frisch!

Ach, lieber frische Brötchen
als Kuchen von gestern!

Jetztseits

Von Ewigkeit durchkreuzte Zeit und
Ewigkeit gekreuzt mit Zeit und
jenseits von Zeit und
Ewigkeit

Jetztseits menschwärts

J e t z t s e i t s
wollen wir komponieren!
Nicht aufwärts, noch abwärts,
nicht vorwärts, noch rückwärts,
noch seitwärts, sondern jetztseits
m e n s c h w ä r t s

Jüdische Weisheit

Wenn nicht ich, wer dann?
Wenn nicht jetzt, wann?
Wenn nur für mich,
wer bin ich dann?

KLEINER

K
-ei-
ner
ist nur
irgendeiner!
Doch die meisten
machen sich kleiner,
als sie ei-gent-lich
vom Ursprung her
gemeint sind.

Knick im Genick

Und er erstrebte jeden Kick!
Er fand das höchste Glück:
den Knick im Genick!

KEINFACH

In
aller Theorie,
da ist das Leben einfach.
Doch
im Vollzug,
in seiner Praxis,
da ist das Leben keinfach.

Katholinkisch

Es gibt einen neuen
Pappa-la-Papst!

Kein Glucken-Glück

Die Glucke gluckt! Das ist ihr Glück!
Doch Ihr seid keine Glucken!
Soll Euch das Glück beglücken,
sucht es nicht gluckengleich zu ducken!

Kein Kniefall

Vor
aller Ideologie
fall` ich nie wieder
auf die Knie!

Kein Nein im NUN

Im
NUN
DA   IST
Kein
Nein

Kein Vertrauen – Keimvertrauen

Kein Vertrauen weckt ganz schnell manche Ängste auf,
doch Keimvertrauen weckt schon bald
alle Ängste wieder ein.

Kein
Wohl-Stand
im Wohl-
stand

In des
Honigtopfes Wohlstand
fand die Biene auf dem Honig
keinen Wohl-Stand! Sie versank
und ertrank im Zuviel der Fülle.

Keine Alternative!

Sie predigen gegen
das Massengedränge
die kuschelig-muffige
Kirchenenge!

Keine Ge-**Fälligkeitsfrage**

Es fault die Frucht von innen!
Wann ist die Haut, die glänzende,
die stets nur glanzpolierte Schale,
zum Schrecken der Polierenden,
als Opfer jener Fäule fällig?

Keine Zeit I

Ach, er hat keine Zeit
für die Zeit, die er nicht hat.

Keine Zeit II

Nur vom Teufel heißt es
in den Bibelschriften,
er habe keine Zeit!

Kennst Du das Leben?

Kennst Du das Leben?
Oder:
Scannst Du es nur?

Ketzerverdacht?

Sagst
Du unser Eigenes,
nur mit anderen Worten?
Oder sagst Du Anderes
mit unseren eigenen
Worten?

Ketzerweisheit

Ich
war für sie
der notwendige
Stachel im Fleisch.
Doch haben sie mich
isoliert und langsam
ausgeeitert.

Kirche Gnadenlos

Sich gnadenlos gebärdendes Gnaden-Institut,
für die, die seine Gnadensichten
nicht gnadenlos bekennen.

Kirchenbetrieb

Sie
wollen nicht Deine
Wärme!
Sie
wollen
Deine Wolle!

Kirchenwahrheit

Wo denkst Du denn bloß hin!
Bei Kirchens wird doch nicht gelogen!
Bei ihr wird alle Wahrheit nur
auf Kirchenwahrheit
hin verbogen!

Kirchlicher Gemeindebrief

Im
kirchlichen
Gemeinde-
brief
Kirchliches informativ,
gemixt mit Halleluja-Mief!

Kirchlicher Zwei-Fronten-Krieg

Abnehmende Wirksamkeit
nach außen.
Zunehmende Würgsamkeit
nach innen.

Klage oder Gejammer

In der Klage gart der Mangel
und klart sich
auf.
Im
Gejammer
gärt der Mangel
und bläht sich auf.

Klerikahles Leben

So-tun-als-ob-Verkleber
So-tun-als-Opfer-Kleber

Klerikahl-Milieu

In
der Kirche,
im Klerika(h)lmillieu,
wirst Du entweder
zum Kleri-
Kuli
oder zum
Kleri-Cooly.

Klimaveränderung

Die Folge von enthemmt?

Über-
schwemmt!
Überschwemmt!

Komma-Lehre – Komma-Leere

Lehre mich, Liebe, augenblicklich!
Leere mich, Liebe, augenblicklich!
Lehre mich Liebe, augenblicklich!

Komplott gegen MICH-SELBST

Ich bin ein „Habeviel"!
Ich habe viel geschmiedet:
Komplettes kompliziertes Komplott
gegen MICH-SELBST!

Komplott-Kompott

Wichtigtuerei kann nur überleben
im Geheimkomplott mit der Heuchelei.

Kompositonismus
kontra Konstruktivismus

Im Viertakt-Otto-Motor
kommt Rudolf Otto nicht vor.
In Mozart`s Kompositionen
gelang es ihm, sich zu vertonen.

Kompositionismus

Es
tönt die Welt
uns nicht so, wie sie ist.
Sie tönt uns so,
wie wir sie
komponieren.

Konfliktbändigung

Nur in der vollen Plusgestalt
ist der Konflikt, der in ihr bebt,
gebändigt, seine Urgewalt
ins Doppelpolige verwebt.

Konkret oder konkretistisch

Heimkehr ins Konkrete:
In Gleichnissen leben!

Kon-
kretisch im Exil:
An Gleichnissen als
Gleichungen kleben!

Könnte es nicht sein?

Könnte es nicht sein,
dass es nicht sein
könnte?

Konsumisten

Verfangen in Vergangenheit!
Verfeuern sie die Gegenwart!
Verfeiern auch noch ihre Zukunft!

Kon-trär

Was willst Du?
Dich als mächtig gebärden
oder
DICH als vollmächtig gebären?

Konzeptionell

Alles andere sind Konzepte,
meint die Wahrheit-in-Aktion,
und bestreitet, dass sie selbst
auch nur ein Konzept ist.

Kosmisch

Das Leben ist erdig.
Das Denken ist mondig.
Das WESEN ist sonnig.
Das L E B E N planetarisch.

Kostbares Erbe

Es schmelzen Dir die Stelzen
im Sterben.
Das Edelste wirst Du uns
vererben:
Die Schmelze Deines eisigen
Verlebens.

Krankheitsgewinn

Wer sich dem

```
            P
            A
            R
P A R A D O X
            D
            O
            X

       D E S
   L E B E N S
```

nicht stellt und sich in Krankheit flieht,
der sucht sich Linderung vergebens,
weil ihm dort noch mehr Leiden blüht.

Kreuz-Plus-Spruch

Du
hast keine Chance
(Kreuz), nutze
sie!
(Plus)

Kreuz-Plus-Weg

Sich
erhalten.
Mitverwalten.
Als Gestalten S I C H entfalten.
Aus dem
W A L T E N
M I T gestalten.

Kriegsfolgen

Was er bekriegt,
hat ihn besiegt.

Krisen-Durch-Gang

Vor der Krise: Fruchtlos klagen.
In der Krise: In Furcht verzagen.
Durch die Krise: Neues wagen.
Nach der Krise: Früchte tragen.

Krisen-Heilung

In
der Krise
offenbart sich
das Gewahren als
ein heilsames Verfahren.

Krusten-Christus

Wenn abgelebter Christen-Geist
nur noch seine Krusten preist...?!

Krusten-Geist bei Christen

Statt Vater, Sohn
und helliger
Geist:
Harter Ton
und eilig vereist!

Kundgabe einer Auf-Gabe

Das tragiktragende Vertrauen
gibt uns nun die Vermählung kund
mit seiner langersehnten Braut,
der heiteren Gelassenheit.

Kur im Ur

Auf Euerer Befreiungstour
von selbst versklavt: Ihr spurt der Uhr!
Wo ist nur der Befreiungsschwur?
Ihr braucht jetzt eine Kur im Ur!

(Für alle 68er)

LabORA

Und nach dem Verwandeln handeln
und im Handeln sich verwandeln.

(Paradoxes Endlosgedicht)

Lächerlich – Löcherig

Es erscheint uns lächerlich,
all` das, was als Ganzes sich
präsentiert und eigentlich sich
schon längst als löcherig
uns erwiesen hat.

Lärm und Stille

Im Lärm erlahmt.
In Stille gestillt.

Lass Dich Präsent sein

Lass` los und lass` Dich einfach sein!
Lass` Dich auf Dein Präsent(-)sein ein!
Verlass` die E-ven-to-ma-nie!
Sonst bleibst Du doch nur
Blass-wie-nie!

Lauter Mensch

Lauter Mensch
ist
selten
lauter!

Lauter Menschen

Suchte lauter Menschen.
Fand lauter leise,
lauter   laute,
doch selten
lautere.

LEBEN ins KLeben

Das Kleben am Leben muss enden,
damit es das Leben nicht würgt.
Das LEBEN ins Leben wenden,
damit es das Leben
durchwirkt.

LEBEN ins leben

über-
leben müssen!
vielfach leben können!
EINFACH LEBEN DÜRFEN!

LEBEN ALS LIEBE

Wer aber
LEBEN ALS LIEBE
kostet, den kostet es
sein Leben.

Leben bewahren?

Also sprach sie: Welch` ein Gebaren!
Wahllos verwahrlost das Leben bewahren?
Welch` ein Bewahren?

LEBEN im Leben erleiden

Im U R S P R U N G,
am Anfang und am Ende
S t e t s - F r e u d e n !
Da-Zwischen oft ein
Auf-Und-Ab von meist
vermeidbaren Leiden!

Leben kosten

Das volle Leben auszukosten,
kann Dich Dein ganzes Leben kosten.

Leben nach dem Tod?

Der
Tropfen
fällt ins Meer,
das seiner sich
erbarmt, im Nu ihn
rund umarmt: Und
schon ist er im
Mehr!

Leben + Sterben jetzt

Ich lebe jetzt, das heißt: Ich sterbe.
Ich lebe und der Tod wohnt nebenan.
Es gibt nicht Scheidung oder Trennung.
In eins sind sie, das Leben und das Sterben.

(frei nach Krishnamurti)

Lebensweg?

**Vom wüsten
Lebens-
weg
zum
Wüsten-
lebensweg**

Lebensanfrage

Du schreibst Dich hin!
Oh, welch` ein Ton!
Doch lebst Du in ihm
denn auch schon?

Lebensdicht

Überall, durch viele Poren,
dringt das Leben zu Dir vor.
Dichte Dich nicht ab!
Lass` Dich von ihm
verdichten.

LEBENs- Frage

Ist der Vollzug, in dem Du lebst,
geschlossen oder offen?

Lebensweisheit

Wer sich dem Leben stellt,
wird von ihm aufpoliert!
Doch wer das Leben flieht,
wird von ihm abgeschliffen!

Leere kontra Hohlheit

Die Leere zwischen uns
ist frei für jede Nähe.
Die Hohlheit aber hält,
obwohl sie doch verbindet,
uns auf der Wunschdistanz.

Leiblich - Leidlich

Erst ganz leiblich
ist höchst löblich!
Doch ganz leiblich
ist auch unvermeid-
lich leidlich!

Leibsprache

Mit verschränkten Armen
dämpfst Du Dein Erbarmen
und Dein Mitleid mit
den Armen.

Leichtverdaulich

Ihr leichtverdauliches Gesicht,
ihr nichtssagendes Vielgerede,
ihr bitter süßes Angeblicke,
das bald schon nach Ver-
wesung roch.

Leiden

Was ICH im Tiefsten weiß:
Das Leiden IST erledigt!
Auch wenn ich Schmerzen habe,
so BIN ICH sie doch nicht!

Leidend?

Gewahre es,
wenn Du verwundet:
Alles Leiden ist
gestundet!

Leiter werden

Alle wollen Leiter werden!
Leiter von oder Leiter für
oder beides?

Licht unterm Scheffel

Stell`
Dein Licht
weiter nicht
unter Deinen
Scheffel!

Licht-**Sicht-Sucht**

Wird das EINE-LICHT gesucht,
und wird es für sich verbucht,
wird die eigene Sicht zur Sucht!

Licht-Dunkel

Vollem Licht eignet auch,
dass es nicht nur als Licht
sich uns weiht, sondern auch
als Dunkelheit.

Liebe und Macht

Die Macht der Liebe lässt sich nicht
mit Lust und Macht in Szene setzen.
Wer es versucht, dem fällt sie stets
mit Ohn-Macht in den Rücken.

Liebe

Liebe verwehrt sich,
wird sie bedrängt.
Liebe vermehrt sich,
wird sie geschenkt.

Liebellisch

Komm, lass uns fliegen wie Libellen,
wenn sie sich in den Lüften wiegen
und sich im Flug libellisch lieben.

Lieben?

Liebe gepusht?
LIEBE verPfUScHT!

„Liebes" Mädchen

Every bodys darling,
but nobodys DARLING!

Liebesfest

Je weniger man Liebe macht,
je mehr man sie sich schenken lässt,
je größer wird das Liebesfest,
in dem sie ihre Pracht
entfacht.

Liebes-Plus

Nur der Erigierte
ist auch liebestauglich!
Nur der Aufgerichtete
ist auch liebesfähig!

Liebestrübe Triebesliebe

Sie reden alle von der Liebe
und meinen nur im Lustgetriebe
die liebestrüben Trie-bes-schü-be.
Doch das ist nur Geschiebe-Liebe!

Lobe - Lebe - Lehre

Lobe den Augenblick!
Liebe das LEBEN!
Lehre die Leere!
Lebe   die   Liebe!
Lobe den Augenblick!

Löcher im Lärm

Löcher im Lärm, Oasen der Stille.
Lausch` einfach hin. Es fällt Dir die Brille.
Es blüht Dir der Sinn. Welch` ein Gewinn!

Los-lassen

Dein Los, es lässt
Dich leichter leben,
wenn Du es einfach
los-lässt!

Lösung

Bist Du DA,
bist Du die
Lösung
all`
Deiner
Probleme!

Lustlast

Lustig! F r u s t i g!
Und dann: L ä s t i g!

Luzides Wachsein

Das Dunkel
des
Tages
erhellen!

Lyrik

Lyrik will nicht glänzen,
scheut der Worte Glanz
und erläutert nichts!
Lyrik
leuchtet,
läutet, läutert.

Macher oder Warter

Weiter eilen
oder
Heiter weilen?

Macht vor Recht

Macht vor Recht
macht sich nicht schlecht,
rechnet sich zwar kurzfristig,
letztlich aber rächt es sich.

Machtvoll oder in Vollmacht?

Machtvoll macht wohl
letzten Endes alles
nur zunichte.

Machtlos,
doch in Vollmacht,
macht wohl letzten Endes
vieles liebenswerter.

Mängelbeseitigung?

Forderst Du in Liebesdingen
die Beseitigung von Mängeln,
foerderst Du damit doch nur
ihre Erweiterung.

Maß und Mitte?

Frage eines Zeitgenossen,
modisch schick in Bügelhosen,
auf Karriereleitersprossen
schon erkrankt am
Zügellosen:

„Mass
und Mitte,
was ist bitte
das?"

Meditation

Nichts erwarten, nichts bewerten,
nichts befürchten, einfach da sein
und gewahren.

Mein Gefunden-Sein

Im Vorgefundenen find` ich mich vor
und find` mich ein und finde
mein Gefunden -
Sein.

Mein Gewinn

Ist
mein Gewinn
nicht auch Dein Gewinn,
ist er
uns beiden
kein Gewinn!

MEIN LEBEN nach dem Tod

Wenn jetzt-und-hier das JETZTSEITS
mein LEBEN endlich rundet,
so IST es auch im Jenseits
MEIN LEBEN -
ungestun-
det.

Mein-Eidgenossen

Im Land der Eidgenossen
mutierte er zum Mein-Eidgenossen.

Meine Aufgabe?

MIR
aufgegeben,
mich aufzu-
geben?

Meine
kleine Welt

In der einen Welt
meine kleine Welt!
Ob sich die noch
lange hält?

Mein-In-der-Welt-Sein

Ich bin nicht in der Welt erschienen,
in ihr nur Brötchen zu verdienen!

Menschenscheu

Vor Menschen hat er eine Scheu
zum Quadrat, weil die Spreu
größer ist als die Saat.

Mentaler Zugriff

Wer nur begreift, vergreift sich bald
an   dem   Ge - grif - fe - nen:
Im Angriff des Zugreifenden!
Im Zugriff des Gegriffenen!

Messerscharfes Gewahren

Und
des Messers
scharfe Schneide
gewahrt sich nur
im Schneiden,
nicht im Ge-
schnitte-
nen.

Mich dürstet

Mich dürstet nach einem Lächeln, das leuchtet.
Das glanzvoll gefratzte Gelächel
löscht mir nicht mehr
meinen Durst.

Mich einfinden im Gefundensein

Ich such` nicht mehr MICH-SELBST-als-Sein
Ich find` mich mehr, ich find` ich mich ein
im Einzig-Einen Gefundensein.

Mich ertragen!

Denn ich ertrage mich am besten,
wenn ich mich einfach tragen lasse
von jenem Ganzen, das mich trägt.

Mich nicht mehr treiben lassen!

Soweit es an mir selber liegt,
lass ich mich nicht mehr treiben:
Nicht ab-, nicht an-, nicht austreiben!

Minusweise

Wer in Minusweise lebt,
sich zur Minuswaise webt,
wird, wenn Weisheit er erstrebt,
höchstens minus-
weise!

Mir graut vor jeder Färbung!

Und seit ich weiß`:  Ich weiß` nichts mehr,
weiß` ich nichts mehr, schwärz` ich nichts mehr.
Mir graut vor jeder Färbung!

Missionsanweisung

Dei-
nen Nächsten
solltest Du erst umstricken,
um ihn dann
sanft
und lautlos
um-zu-stricken!

Mit Dank im Tank

Sei ganz getrost,
Du fährs t famos
mit Dank im Tank!

Mit Dir rechten

Und wirst Du mich linken,
werd` ich mit Dir rechten.

Moll-Loch und Dur-Joch

Aus dem Moll-Loch der Verzärtelung
unter`s Dur-Joch der Gegenwärtigung.

Musikalisches Gleichnis

Im Jetzt-und-Hier,
da gründen wir
in tieferen Oktaven
und werden überragt
von unseren Obertönen.

Mut-Wut

Wut macht Mut!
Das tut gut!

Nachbars Erwachen

Ach,
Herr Nachbar,
Ihr Erwachen ist nicht machbar,
auch nicht haltbar,
doch
entfaltbar
und entfachbar.

Nachrichten

Ihre
Nachrichten
richten sich nach
ihrem Nachrichten
am Richtlinigen.

Neuerungssucht

Sucht nach teurer Neuerung
in erneuerten Verfahren
mit ganz neuer Steuerung
wird uns nur noch mehr verfahren!

Neuvertonung

Aus
Freude
aneinander
vertonen
sie sich
neu
im
Bett.

Nicht zugelassen

Es zuzulassen, hat er nicht
zugelassen!

Nichtig-Selbst gestört

Und wenn Du NICHT-DICH-SELBST erhörst
und so auch nicht DIR-SELBST gehorchst,
empfiehlst Du Dich den Umständen,
und sie befehlen Dir.

Nichtig-Wichtig

Geht mein Ich im Größeren auf,
verlier` ich Wichtig-Nichtiges,
verliert sich Nichtig-Wichtiges
aus meinem Lebenslauf.

NICHTS denken?!

Will Dein Denken NICHTS denken,
hat es nichts zu denken!

Noch hoffen?

Jeder, der ganz-bei-sich-selbst ist,
wach, präsent, mitmenschlich offen
für den ungelösten Weltzwist lässt
vielleicht wohl doch
noch hoffen.

Normale Ehe

Nicht
allein, aber
meistens doch
gemeinsam
einsam.

Nötiger Respekt

Nur den nötigen Respekt
kann ich Dir erweisen,
nicht den abgenötigten.

Nur alles als Ware!

Nur alles als Ware, das ist heut` das Wahre!
Doch wehe, wenn diese Wirklichkeit bricht!
Dann zeigt sich die Fratze in Waren-Gesicht!

Nur heiße Luft?

Ich heiße Luft!
Ich?
Heiße Luft!

Nur wer eine
Flasche
ist

Nur
wer eine
Flasche
ist,
der
benötigt
Etiketten,
um in trister
Flaschenfrist sich
am Mehr-Als
anzuketten.

Oberjammergau

Ein starker Wonnestau
in Oberjammergau!

Ob-Wohl

Und obwohl
ständig unterwegs,
bist DU immer schon
angekommen.

Oder auch

Ent-
weder in
der Tracht des Betrachters
oder auf
der Wacht des Beachters
oder auch
sowohl als auch.

Offenbarung

Offenbar
ist
die   Bar
offen!

Ohne Dank

Ohne Dank
unter Dampf
wirst Du krank
im Lebenskampf!

Optimist

Optimierter Mist:
Op-
ti-
mist!

Ora et Lab-Ora

In der
Warteschleife
präsent werden, um auf der
Wartungs-
streife
präsent und
ein Präsent zu sein.

Paradox!

„Sei still!" schrie er schrill!

Passieren

Wird es passieren,
wird sie den Weg
nie mehr passieren!

(Begründung dafür, dass ich
die von Fahrradfahrern bedrohte
Schnecke vom Fahrradweg nahm.)

PF**LICHT**

Und kommt die Pflicht nicht aus dem Licht
bedingungsloser Liebe,
ist ihr Gesicht Dir stets Gericht,
verurteilt und setzt Hiebe.

PFAffenm**U**ster

Gottes Schau-Steller
oder
Gottesschau-Stehler?

Pfaffenschein

Sein Waffenschein?
Des Pfaffen Schein!
Ein Pfarrstil
wie sein Fahrstil!

Pferde-Weisheit

Du
kannst ein
Pferd zur Tränke bringen,
es aber nicht
zum
Trinken
zwingen!

Phrasen

Immer neue Phasen
mit den alten Phrasen!

Pluendern

Zur Kindheit schon
verwundet durch den Plunder,
zerplündern sie betäubt ihr Lebenswunder.
Verwundern sich nicht, dass die Selbstbetörung
sie immer tiefer treibt in die Zerstörung.

Plunderjahre

Verwundbar
ist das Wunderbare!
Unan-
tastbar!
Antestbar!

Plus-Fluss und Preis-Fleiß

Der Preis-Fleiß, er zersägt die Welt
und baut sie um und prägt sie!
Doch nur der Plus-Fluss
trägt sie!

Plus-Fluss

Was weder ist noch wird,
es fließt sowohl als auch.

Plusgestalt in Aktion

Entfliehen dem Vielen!
Empfangen des EINEN!
Umfangen des Vielen
im Lichte des
EINEN!

Plusgestaltig denken

Plusgestaltig kreatives Denken
gegen Positiv-nur-reaktives
Denk-Verrenken.

Plus-im-Puls

Der Macher-Impuls?
Ein Minus-Impuls!

Der
Warter-Impuls?
Ein
Plus-Impuls:
Ein Plus-im-Puls!

Poeten - Imperativ

Ringe um den höchsten Rang auf der Lichtung
und nicht um den größten Ruhm
in der Dichtung.

Poeten - Imperativ kurz gefasst!

Ring`
um Rang
und nicht um Ruhm!

Poli-Ticker

Kleinkariert und limitiert,
doch im Gehabe
großliniert.

Präsent des Urvertrauens

Die ALL-Präsenz vermag ich nicht zu schauen.
Doch spür` ich manchmal ihren holden Kuss.
Er schenkt erneut mir jenes Urvertrauen,
dass ich auch leben darf und
nicht nur leben muss!

Präsent(-)sein I

präsent sein:
im Heilsamen sein
Präsent sein:
Ein Heilsames sein

Präsent(-)sein II

In heilsamer
Stille präsent sein!
Des heilsam Stillenden
Präsent sein!

Präsent(-)sein III

Meine Not wird Dir präsent!
Du willst Dich beleben,
meine Not beheben.
So wirst Du Dir selbst präsent!
Und Du wirst uns zum Präsent!

Präsent-Event

Bist Du ganz einfach nur präsent:
Bist Du mir ein Präsent-Event!

Präsent-Experiment

Sei präsent,
sei ein Präsent!
Dies sei Dein
Experi-
ment!

Präsentik

Präsentik ist die Lehre von
der Lebenskunst, präsent zu sein,
das Leben als Präsent zu weih`n
und in ihm ein Präsent zu sein.

Präsentische Warnung

Willst Du
ein Präsent sein,
ohne auch präsent zu sein,
minderst Du Dich ab, wirst Schein,
wirst stets nur Event sein!

Präsent(-)sein als Prüfstein

Allein nur
Dein Präsent(-)sein
soll Dir der Prüfstein sein,
ob im durchlitt`nen Lebenszwist
Du auf dem richtigen
Wege bist.

Präsenttisch

Wofür willst Du Dich engagieren?
Für die Präsent-Tische oder
das Präsentische?

Präsenzpräsent

Wer
präsent ist,
der ist Präsent.

Pressefreiheit

Heißt denn
die Pressefreiheit:
Hau-in-die-Fresse-
Freiheit?

Primaere Premiere

Ich feier` jetztseits die Premiere:
Das oft gelebte Sekundäre
in seiner ganzen Folgenschwere
nicht mehr zu seh`n als das Primäre.

Primärer Dualismus

Du bist wie   Wasser,
    das im   Wasser
    nach   Wasser
    schreit vor
    Durst.

Prism of life,

Prism of life,
not
Prison of life!

Problemsichtig

Problemsichtig
wurde er
problemsüchtig!

Profilieren

Sich nicht
mit originellem
Profil nur profilieren!
Es endet meist in schnellem
Sich-Selbst-Prostituieren.

Protestantagonismus

Der Protestantismus in Agonie
klingt nicht wie Protest,
klingt eher wie
Protestantagonismus.

Protestantischer Pfarrer

Er muss-tuss-tusste Soll erfüllen
im Klerikal-Getriebe.
Er soll-toll-tollte sich im Muss
forcierter Nächstenliebe.

Prügelknabe

Häufig verdroschen!
Heute verdrossen!

Pure Fülle

Nackt und pur.
Un-ver-klei-det.
Ohne falschen Glanz.
Und die Fülle leuchtet.

Querikaler

Unter all`den Klerikahlen
war ich stets ein Querikaler.

Quintität im Plus

Es weltet im Geviert,
es menschet im Gefünft!
Die Quin-ti-tät im Plus:
Der Mensch in Plusgestalt!

Raechnung

Es rechnet sich,
doch rächt es sich!

Rallyegion

Es blüht bei uns
die Rallyegion,
die Religion
stirbt ab!

Rat gegen Frust

Sei Dir in all` Deinem Wust
stets bewusst, was
Du tust!

Ratloses Rad

Ohne
Achse kann das Rad
sich nicht drehen. Es verharrt
nur noch ratlos in seiner
Radlosigkeit.

Ratschlag

Mit Ratschlägen fröhlich Rad schlagen.
Doch sich mit ihnen nicht ans Rad schlagen!
Sonst kommt man unters Rad
der Ratschläge!

Raum-Zeit-Freiheit

Ortfreier Ort
vor Ort.
Zeitfreie Zeit
in Zeit.
Raum-Zeit-Freiheit
als LEBEN im Leben.

Rausgeschmissen

Sie trennten Weizen von der Spreu,
versprachen: JETZT WIRD ALLES NEU
in ihrem Reich der Spreu-
Verwerter.

Reden über oder Sprechen aus

Ausrichtung an und Reden über ...
Aufrichtung in und Sprechen aus ...

Regeln

Und
die Regeln,
sie verriegeln Dir
die Zügellosigkeit.

Bis Du reif bist
ohne Regeln
Dich selber
zu entsiegeln.

Richten

Sich hinrichten durch.
Sich abrichten mit.
Sich ausrichten an.
Sich aufrichten.

Richtungseinzigartigkeit

Die
einzige Richtung,
die ich für mein Leben
akzeptiere, ist
die humane,
die Aufrichtung.

Richtungslauf

Halt an in Deinem Richtungslauf
und richte Dich nicht weiterhin
auf Deinen eigenen Ausverkauf
für den verweslichen Gewinn.

Ring-Rang-Rühmen

Ring Dich durch zu
höchstem R A N G,
der Dir selber möglich ist.
Rühmen werden Dich dann
schon andere.

Rollenspül

Wenn die Rolle, die er spielt,
nicht mehr so die Rolle spielt.

Runde Gesundung

Ich bin **gestundet**
und doch **gerundet**
und so **gesundet.**

SCHEIN

Bei Euch scheint mir
mehr Schein zu sein,
als Sein hindurch
zu scheinen.

Schmutz

Schützt Euch
vor allem Schmutz,
doch schützt Euch auch
vor Eurem Schutz!

Schattenarbeit

Nur dem Misstrauen misstrauen,
nicht aber dem Mist-Rauhen!

Schatten-Schau

Schaue Deinen Schatten nicht zu lange an:
Er schlägt Dich bald in Bann, und sodann fängt er an,
Dich auch noch zu beschatten.

Schattenwille

Ach, in Deinem Lebensleid
haust ein Wille, der sich weidet
daran, wie im Lebensstreit
er zu danken stets vermeidet.

Schau` genau!

Schau` genau:
Der Kakao* ist nicht blau!
Beim genaueren Erschau`n
siehst Du ein: Er ist braun!

(Politische Variante: Radau)

Schauende Behandlung

Und im Schauen ohne Wenn und Aber
schweigt schon bald das Vorurteilsgelaber.
Angeschaut hat sich die Welt gewandelt,
ohne dass Du weiter sie behandelst.

Scheinen wollen

Was wir alles scheinen wollen,
wenn wir uns nicht einen können,
nur zu sein, was wir doch sind:
Ohne wollen, müssen, sollen!

Schenken

Schenk` nicht selbstisch, sei präsent!
Schenke selbst Dich als Präsent!

Schützophren

Sie schützt sich vor den anderen,
um sich so vor SICH-SELBST zu schützen!

Schwach-Wach

Schwach-wach
achtet nur das Flache.

Schwund-wund

Schwund Schw**und** Schwund
macht Schwund Schwund.

Seelisch aufgeweicht

Seelisch aufgeweicht,
weicht er seelisch
aus!

Segensreich

Nur
mit der Sonne
kommt auch die Wüste.
Nur im Licht verdorren wir.
Ohne Nacht und ohne Regen
bleibt er aus, der Segen.

Sehen

Im
Gesehenen
findest Du Dich
nicht als Sehenden,
sondern als den Dich
Sehenden.

Sei endlich D U

Sei endlich D U
nach keinem
Bilde!

SEI(e)N(des)

S E I N
IST
E I N S
Seiendes ist
Entzweiendes

Sein und Haben

Er ist bei ihnen gut gelitten!
Er hat bei ihnen gut gelitten!

Sein und Werden

Was weder kommt noch geht,
das Immer-Bleibende,
durchweht das Treibende,
das stetig kommt und geht.

Sein-Lassen

Ich lass` es sein und lausche.
Ich lass` ES sein und lausche IHM.

Selber-Sein

DU B I S T, wenn Du birst
und nichts mehr bist!

Selbst ist der Mann!

Sich angewiesen,
SICH abzuweisen!

SELBST - Verscheucht

Und wer sich mit sich-selbst verseucht,
sein ur-eye-genes SELBST verscheucht.

Selbstachtung

Die not-wendende Ur-Distanz beachten,
um sie nicht, überflutend, zu entmachten,
und so in falscher Nähe zu umnachten,
um sich danach tief bitter zu verachten.

Selbstakzeptanz

Ich mach` mich
für Euch nützlich,
damit ich selber mich
auch akzeptieren kann.
So steh ich meinen Mann,
sprach sie und packte an.

Selbstbekränzung

Ach, seine Selbstbekränzung
ist eine SELBSTbegrenzung!

Selbstbetrug

Er vertrug sich nur mit allen,
weil er sie kaum noch ertrug!
Welch` ein Selbstbetrug!

Selbstblockaden

Permanente Selbstblockaden
raunen von Unendlichkeit,
warnen wispernd vor
dem Schaden
stetiger Ver-
gänglich-
keit.

SELBST-Entfaltung

SICH entfalten?
Sich entfallen!

SELBST-Findung

Finde Dein Gefundensein!

Selbstgericht

Im So-tun-als-ob
erdichtet er mit feierlicher Miene
das, wonach er sich nicht richtet,
und das darum ihn auch richtet
auf der alltäglichen Schiene.

Selbstgewählte Kelter

Immer kälter wird es ihm
in der selbst-ge-wählten Kelter!

SELBSTgezollte Entmachtung

Die SELBSTgezollte Entmachtung
der selbstgebannten Umnachtung!

Selbsthass

Wer an sich selbst kein gutes Haar lässt,
der kann von anderen nicht erwarten,
dass sie ihn noch frisieren
wollen.

Selbst-Nässer

Wer sich in sich selbst verpisst,
der wird schon nach kurzer Frist
ein verpisster Selbst-Nässer.

SELBST-SEIN

Nur mit dem, was Du schon bist,
kannst Du Dich auch hingeben!

SELBST-Suche

S I C H   S E L B S T
behindernde Versuche,
die SELBST-Behinderung
zu buchen, in dem
man
selbst
S I C H
eifrig sucht.

SELBST-Suche?

Was
suchst Du bloß,
wenn Du DICH suchst,
…...
zu
meiden?

Selbst-Veränderung

Und wer
nicht bereit ist,
im WESEN zu lesen,
wird sich nicht einmal an
seinen Rändern verändern!

Selbst verflucht

Wer selbst sich nur im Haben sucht,
die Welt als Guthaben verbucht
und stets bestrebt ist, wohl betucht
zu leben, hat sich selbst verflucht.

Selbstverformance

In den Kicks seiner Selbstperformance
höre ich den Knick seiner Selbstverformance.

SELBST-Verwirklichung

Wer
SICH erwirkt,
erwürgt
sich.

Selbstwerdung

Lauter
Mensch bin ich,
lauterer will ich werden!

Selige Beschämung

Am
Ende:
Der Anfang, der Ursprung,
im
Lichte
seliger Be-
schämung!

Sich anbieten?

Sich anbieten?
oder:
Sich anbiedern?

SICH aufrichten

Nicht
das Ego,
nicht das Ich,
sondern SICH
verdichten
und
sich
aufrichten!

Sich beschweren

Womit nur beschwerst Du Dich
zur Lebensschwernis zusätzlich,
wenn Du dauernd Dich beschwerst,
dass Dich Leben so beschwert?

Sich Druecken

Sich vor dem Leben drücken?
Oder: Sich ins Leben drucken?

SICH erLEBEN

SICH nicht nur erleben,
sondern SICH auch
LEBEN!

SICH meiden

Ach,
wie sehr er
SICH doch meidet
und sich darin auch
noch weidet!

Sich präsentieren

Wer sich präsent-ieren will,
ohne auch präsent zu sein,
absolviert nur eine Pflicht!
Doch er präsent-iert sich nicht!

Sich schonungslos zu schonen

Er
will   stets
wohlig   wohnen
und sucht   **sich**   Illusionen,
sich selber   **neu**   zu klonen
und darin   **zu**   vertonen:

Sich
schonungslos
zu
schonen!

Sich
selbst
abschaffen

Du willst die Welt
Dir selbst erschaffen
und schaffst Dich
dabei selber ab.

Sich swingen - nicht zwingen!

Zwing` Dich nicht in Stanznormen,
um Dein Leben Dir zu stanzen.
Swing` Dich ein in Tanzformen,
um ins Leben Dich zu tanzen.

Sich treu bleiben

Bleibe ich Dir treu,
gehe ich mir
fremd!

S I C H

Sich präsentieren?
Als glänzendes Event?
Als leuchtendes Präsent?

Sich-Kehren

Wer sich hinkehrt zur verkehrten
Lebensweise, kehrt sich ab
von aller Umkehr hin zum
aufrichtenden Leben.

Sichtbehindert

Ihr könnt` nicht seh`n
worüber ich jetzt spreche?
Nein? Natürlich nicht!
Ihr wollt es auch nicht seh`n!

Sinnenlust

Sinnenlust erregt Dich,
treibt Dich ins Betroffen.
Sinnlust aber hebt Dich,
macht für ALLes offen.

Sinnvolles Tun

Sinnvolles Tun kann
manchmal darin ruh`n,
Nicht-Sinnvolles zu lassen.

Sonderbar

Nur Sonderlinge sonnen sich,
verwundbar zwar, im Wunderbaren.

Sonnenbaden

Im Strahlenkranz der Plus-Gestalt
durchlösten Menschseins sonnenbaden!

Sonntäglicher Gottesdienst

Oh! Oh! Oh!
Meistens nur noch Opium
für Omas und für Opas!

Sorgenfrau

Weil sie sich
um sich sorgte,
umsorgte sie
ihn sich.

Spaziergang im Schnee

Große
und ><auch
klei <<>> ne
Stap>><<fen

seh` ich
auf<<>>den
Wegen. Sieh`,
auch <> meine
eige >><< nen
kom<<>>men
mir >< ent-
gegen.

Spektakelig oder Spektralfarbig?

Es wird uns weiter niederreißen
spektakelhaft ins Grauen,
wenn wir nicht endlich an ihm reifen,
spektralfarbig im Schauen.

Spiegel und Zerfall

Im Spiegel eines anderen
zerfallen meine Illusionen
und seine, sie vergehen ihm
in meinem Spiegel auch.

Spiritualistisches Gottesbild

Sein
Droben ist
verschroben,
denn er
sucht
es
oben
für sich
auszuloben.

Spirituelle Wellness

Erleuchtung als Erleichterung!
Awareness kuschelig und light!
Ich bin es leid!   Ich bin es leid!

Spirituelles Leben

An
ihren Früchten
sollt ihr sie erkennen,
und nicht an ihren einsamen
Ekstasen beim Früchtetreiben.

Spirituölig

Wenn heute Leute lauthals
das Spirituelle preisen:
Was wollen sie?
Nur Ohrenschmalz und
nicht im Höheren kreisen?

Sprache selber

Sprache
selber soll erzählen,
soll sich nicht nur als Mittel quälen,
dient auch als Magd an fremden Herden
und ist doch Königin im Werden.

Sprachwege zur Macht

Dein öffentliches Lobgehudel,
brilliant gespickt mit Tadellob,
war meist nur hohles Wortgedudel,
das Dich ins Machtgespinst verwob.

Spruch-Warnung

Wer in Hetze und in Hast
aus-ge-brannt sich selber hasst,
hetzt sich weiter bis zum Bruch!
Warnt Euch denn nicht solch ein Spruch?

Start ins Ungeahnte

Es nähert sich das Ende,
das allem Neu-Anfang
die Chance gibt für
einen Start ins
Ungeahnte.

Still oder Schrill?

Auf: „Ich will!"
reimt sich „still"
oder „schrill"!

Stille im ZENtrum

In den Zyklonen Deines Lebens
schweigt Turbulenz im ZENtrum nur.
Im Kreisen auf der Turbotour
suchst Du die Stille stets
vergebens.

Streben - Sterben

Im Strebe-Lauf
zum Sterbe-Bett
ein Sterben auf
dem Strebe-Set!

Stufenerkundung

Erkunde die Stufen, von dem, was ur-eigen,
um Dir zuzurufen, sie auch zu besteigen.

Such-Ende

Die Suche endet immer schon
an jenem Ort: Enttäuschung!
Ein guter Ort! An dem
sich alles wendet!

Sucherfolg

Du suchst und suchst,
verbuchst Dir den Erfolg.
Der größte ist das
Scheitern Deiner Suche.

Swing den Zwang!

Es kam
der Zwang ins Swingen
und rang mit seinem Zwingen.
Er schwang sich auf ins Singen
und sang sich aus den Schlingen,
die es nun nicht mehr
bringen.

Synonym für Seniorenheim:

Omas en masse!

T r e u e

 reue

und wenn sie misslingt

Reue

TROESTUNG

Es ist mir eine Tröstung,
dass alle Rüstung rostet
und langsam auch
verrottet.

Tadellos

Im
Tod
bin ich
den Tadel los.
Im Tode bin ich tadellos.

Team gemimt

In unserem „Team"
wird nicht geteamt!
In unserem „Team"
wird Team gemimt!

Teil^{haber} sein

DAS-GANZE IST Wohl-Nicht zu haben.
Doch kannst Du als sein Teilhaber es sein.

Tod

Tod heißt:
Auf-Hören!
Also sterbe jetzt!
Höre auf!

✝o✝

im ✝od der sprung
ins nirgendwo -
ins ur-vertraute
irgendwie
ganz anders.

Tragiktragendes Vertrauen

Was
uns durch
alle Tragik
trägt,
wenn Tragik Unsere-Welt zersägt,
zeigt sein Gesicht
auch noch im
Grauen
als
t r a g i k-
t r a g e n d e s
V e r t r a u e n.

Transparentes Leben

Wird Dir Leben transparent als vergehendes Event
und Du bist dabei präsent, wird es Dir
zum Präsent.

Transparenz des Pflaumenkernes

Die Transparenz des Pflaumenkernes
entfaltet sich in der Präsenz
der Plusgestalt des Pflaumenbaumes
in Frühjahr, Sommer, Herbst und Winter.

Trauern

Du trauerst vergebens,
wenn Du Dich nicht traust,
vergebend zu trauern.

Trennung

Trennung? Ja!
Aber nicht voneinander
wegen altem Überlebten
sondern miteinander
von altem Über-
lebten.

Trug

Ihn trug
sein   Trug
nicht lange mehr!

Tun im NUN

Du wirst seh`n: Du wirst es tun!
Bist du erst einmal im NUN,
wirst Du Sinnvolles tun,
jetztseits hier aus dem NUN.

Uhr-Verbundenheit

Wenn aus der Ur-Verbundenheit
der Ur-Sprung springt in meine Zeit,
zerspringt mir Uhr-Gebundenheit.

(Für Jean Gebser zum Geburtstag)

^{Über}dauern

Auch wenn es dauert!
Ich überdauere noch stets,
was mich dauert.

Überbemüht gescheitert

Ach, wie müde ist er doch,
weil er sich bemühte noch und
noch und kaum etwas erreichte,
denn er mühte sich zu sehr.

Überfraut

Wenn
Dich die
Barmherzigkeit
überfraut für andere,
dann vergiss Dich selber nicht:
Sei barmherzig auch zu Dir!

ÜBER-IHN\

GOTT wird mir schon verzeihen,
dass ich nicht an SIE glaube,

… … …

die Glaubenssätze ÜBER-IHN\!

Überschwang-Untergang

Im Überschwang der Illusion,
da treibst Du schon
zum Untergang!

Überschwenglich

Du hängst Dich ans Vergängliche,
verengst Dich ins Verfängliche
und denkst das Überschwengliche!

Übersteige®n

*Übersteigere Dich nicht,
sondern übersteige Dich!*

Ultimativer Kick?

Ein ultimativer Kick?
Der Knick im
Genick!

Umfassendes erfassen?

Willst Du erfassen,
was Dich umfasst?
Dann wirst Du passen,
weil es nicht passt!

Umgang

Ich will den Umgang lernen,
mit dem, was mit mir umgeht,
dass es mich nicht umgeht.

Umkehr - Abkehr - Einkehr

Umkehr von der Abkehr und
Einkehr in die Kehre hin
zum LEBEN im Leben!

Umkehr in den Übergang

Den Untergang, den drohenden,
den können wir nicht übersehen!
Wir müssen ihn verstehen
als drängende Forderung
zur Umkehr in den Übergang.

Umkehr

Im
Leben mehr
so
nebenher,
zum LEBEN hin
eine Umkehr mittendrin,
vom L E B E N her
zum Leben hin.

Umschaffen

Nicht umschiffen,
nicht abschaffen,
sondern umschaffen!

Umzingelt

Singles, wohin man schaut!
Wir sind umsinglet.

Unvollkommenheit

Denn die Vollkommenheit
liegt in der Voll-stän-dig-keit,
gelebt in Unvollkommenheit
der leidgetränkten Lebenszeit.

Unangemessen

Was wir wirklich messen können,
ist - so angemessen - wenig!
Warum sind wir denn bloß derart
maßlos unangemessen?

Un-
antastbar an-
testbares Sinnerleben

Das Eigentliche? Unantastbar!
Das Grapschen greift noch stets daneben.
Doch ist es gleichwohl antestbar
als nicht grapschbares
Sinnerleben.

Ungebeten

Ungebeten hat man mich
in die Kirche eingetreten!
Und genauso ungebeten
bin ich aus ihr aus-
getreten!

Unmitteilbares

Ist Unmittelbares mitteilbar?
Und wird es, mitgeteilt, nicht mittelbar?
Das Unmittelbare ist aller Mittel bar.

Unmöglich

Unmöglich,
mir zu überlegen,
mich zu überleben!

Unter Preis gehandelt

Ich hab` mich nie verkauft!
Drum wurd` ich auch von anderen
meist unter Preis gehandelt.

Unter-Halten

Sie unterhalten königlich
und halten Euch
so unter
sich.

UR-im-NU-Begegnung

Im NU traf mich: Wer DU BIST!
Mir widerfuhr: Wer ICH BIN,
als ich im NU-MIT-DIR-BIN!

Urlaub

Abdanken
und
Auftanken!

Ur-plötzlich EINSICHT

Ur-plötzlich
IST die EINSICHT DA!
Dir Fragliches zerbricht im Nu!
Und jetztseits ist Dir offenbar:
Worin Du bist und auch wozu!

Ursprüngling

Der Abkömmling hat in sich stets
den Ursprüngling. Gelingt ihm Leben,
öffnet sich die Raupenhaft
zum Schmetterling.

Veraenderung

Die Ver-
aenderung der Welt in
Voll-
endung:
Die vollendete
Verendung!

Ver_halten

Im alten Verhalten
verhalten veralten.

VER**FALLEN**

In
keinem Falle
sollst Du verfallen:
Weder dem Knechtenden
noch dem Befreienden!

VER**LEBEN**

Das Leben,
ist Dir aufgegeben,
nicht um es zu verleben.
Das Leben ist Dir aufgegeben,
um es auch zu leben.

Ver**zeiht nichts!**

Verzeiht nichts!
Es sei denn,
es
trifft ihn
das Zeit-Nichts!

Verb**rannt**

Von ihr gebannt,
ist er an ihr
in sich verbrannt.

Verein

Vereint
Vereinnahmt
Vereinsamt
......
Vereins-Amt

Ver-Fassungs-Streit

„Ich bin der Auffassung", spricht er
und verschwindet im Vertretenen.
„ICH BIN die Umfassung", spricht sie
und entwindet ihn dem Verdrehten.

Verfehlte Selbstsuche

Sie suchte sich selbst zu lähmen,
um andere zu zähmen.

Vergebliche Liebe

Seine Liebe konnte Dich
nicht erreichen, konnte nicht
Deine Härte gegen Dich
heilsam vordringend erweichen.

Vergötzung

Jede Vergötzung ist
eine Verletzung des Jetzt,
eine Vernetzung auf den Bahnen
der Zersetzung des Humanen.

Verlust-Gewinn

Beim Wohlstandsgewinn
kein Wohl-Stands-Verlust?

Verneigen oder vergeigen?

Wenn Du Dich nicht vor dem verneigst,
der DU in Deinem Wesen BIST,
erliegst Du schnell der Hinterlist,
in der Du Dich nach vorn vergeigst.

Verpassen

Verpass` mir doch die Chance Deines Ärgers,
damit ich Dich und mich nicht noch verpasse.

Verpasst und verpatzt

Sie hat sich ein Leben verpasst,
in dem sie DAS-LEBEN verpasst
und sich so Ihr-Leben verpatzt.

Verpfuscht?

Dein Leben?
Ein Pfusch!

Versöhnung

Versöhnung öffnet Atemraum
und lässt die Gegner blühen,
bis sie sich gegenseitig
achten
in
ihrer Blüte.

Verspielt

Wer nur nach seinem Vorteil schielt,
sich stets den eigenen Sieg befiehlt,
der hat IM-LEBEN schon verspielt,
weil er IM-GRUNDE-SICH
bestiehlt.

Ver-Sprechen I

Kaum
einer   hält,
was er verspricht!
Ach, sprich` nur,
doch versprich`
Dich nicht!

Ver-sprechen II

Irgendwann zer-bricht,
wer sich dauernd
nur ver-spricht!

Ver-Sprochen

Kuchen
habt Ihr mir versprochen!
Und ich wollte doch nur Brot!
Steine habt Ihr mir gebrochen
und gereicht in meiner Not!

Ver-Stand

Er verstand es immer wieder,
sich das Leben mit Verstand
zu verstellen.

Verstellende Vorstellung

Er verstellte sich mit dem,
was er sich so vorstellte,
seine Stillung in der Welt.

Verstellt

Ach,
Deine Strategie
zwingt mich nicht in die Knie.
Doch sie verstellt im Jetzt-und-Hier
den Zugang mir
zu Dir.

Verstummungssteif

Dein Angebot: Erwartungsflitter!
Am Grund des Kelchs: Enttäuschungsbitter!
Auf Anfrage, kaum vorwurfsreif,
Dein Kommentar: Verstummungssteif!

Vertan

Im Tun vertan.
Und NUN vergoren.
Auf solcher Bahn
sind wir verloren.

Vertrauen? – Verdauen!

Bevor ich Dir erneut vertrauen kann,
muss ich all` das verdauen,
was Du mir angetan.

Verwaechslung

Du verwaechst
mit Deiner Fantasie
und verwechselst sie
mit der WIRKLICHKEIT.

Ver-Walter oder Fair-Walter?

Willst Du die Welt verwalten oder
willst Du in der Welt fair walten?

Ich will die Welt nur soweit verwalten,
wie ich in ihr fair walten kann!

Verwand✝lung

Lass
Dich einfach wandeln,
bis Du
MIT-DIR
verwandt bist.

Verwehrtet

Wer
die Welt
nur verwertet,
verwehrt sich ihren
tiefsten WERT!

Verwohnte Welt

Verwöhnt verwohnen sie die Welt!
Verwohnte Welt:
Wie soll sie noch verwöhnen?

Verwunderung

Die Verwundung gab ihm Zunder!
Er erwachte aus dem Plunder
und entdeckte nun
die
Wunder
seines Lebens.

Verwundbar

Wer nicht mehr verwundbar ist,
der verwundert sich nicht mehr!

Verzieh` Dich nicht

Wer sich in sich
selbst verzieht,
der verzieht sich
IN-SICH-SELBST!

Vielleicht verpasst?

Hast Du Dich, verpasst DU-DICH,
Du wirst hastig und Du hasst Dich!
Hast Du Dich vielleicht verpasst?

Volkslauf

Selbstgewählt?
Selbstgequält!

Voll-Endung

Die
vollendete
Veränderung der Welt:
In vollendeter
Ver-
blendung
die vollendete
Verendung!

Voller Augenblick

Jetztseits meint den vollen Augenblick,
nicht jedoch das vor-herrschende
Hier-und-Jetzt.

Volles Leben

Sing` Dein Leben! Tanz` Dein Leben!
Spiel` mit Deinen Möglichkeiten!
Doch achte, was Dir aufgegeben
zu den jeweiligen Zeiten!

Vom Eventschein zum Präsentsein

Und fast erstorben in manch` antestbaren Plunderjahren,
erstehst Du auf im Un-an-tast-bar-Wunderba-ren!

Vom Lauteren

Er-
leuchtendes
Leuchten des Lauteren,
geblendet
vom
gleißenden
Glanz des Lauten.

Vom Waerter

Vom Waerter zum Warter!
Vom Macher zum Lacher!

Vom
Zwei-feln
ins Ein-feln

Wer den
skeptischen Zweifel
nun auch skeptisch bezweifelt,
stürzt vom ZWEI-feln ins EIN-feln
in die EINfachE FÜLLE.

Von
Angesicht
zu Angesicht

Wenn mein Gegenüber
sein Gegenüber
überschreitet
und sich mit mir ins
Ohne-Gegenüber weitet.

Von Herzen!

Die Stelle bekommen?
Gratulation!

Die Stelle genommen?
Herzliches Beileid!

Vor dem Kirchenaustritt

Die Lösung naht sich:
Die Naht löst sich!

Vorheilig

Voreiliges Versöhnen
raubt der Versöhnung
Heiliges

Vorlaute Gottesknechtung

Die meist vorlaute Gottesknechtung
in manchem frommen Predigtschwall
trägt häufig bei zur Gottesächtung
und zum vermehrten
Gottesabfall.

WISSEN

Gewahre, dass Dich etwas trägt,
trotz alledem, und wisse,
dass Du es als handhabbares
Wissen nicht kennen kannst.

Weissen

„Ich
weiß,
worum es geht!"
sagst Du. Doch weiß ich nicht,
wie weit Du weißt,
wie weit Du
schwärzt.
Mir graut vor
Deiner Tönung.

W a r t e r

Ich
warte auf
und warte ab
und wate durch
die Zeit.

Waagnis des Lebens

Wähle das Leben!
Wage das Leben!
Waage das Leben!

Wahl

Die Wahl, vor die Ihr mich gestellt,
sie steht für mich nicht mehr zur Wahl.

Wähle Deine Weise!

Eingeweckt als Lebenswaise?
Oder:
Aufgeweckt und lebensweise?

Wähle nun!

Nun
wähle!
Wähle Nun!

Wahrer Luxus

Den wahren Luxus will ich,
den mir das LEBEN schenkt,
und nicht den Waren-Luxus,
der Wahres mir verrenkt!

Wahrheit und Lüge

Er sagte
die Wahrheit!
Man sah sie als Lüge!
Er wagte zu lügen!
Man glaubte
ihm bald!

Wahrheitspfunde

In sichernden Hirnen
verwahrlosen Wahrheitsfunde
zu Wahrheitspfunden.

Wahrheitssuche

Suchte Wahrheit.
Wollte Sicherheit.
Landete in geistiger
Sicherheitsverwahrung.
Schau in den Spiegel:
Wo wandelst Du?

Wandeln

Wandeln wir
uns nicht miteinander,
wandeln wir schon bald
auseinander.

War`s das?

War`s das?
Das war`s!

Warten können

Warten können musst Du schon,
wenn Du etwas sagen willst!
Ohne Wartung redest Du
selten nur Bewahrenswertes.

Warten

Im gemeinsamen Warten
das Gemeinsame warten.

Warum erhöheren wir es nicht?

Im-Zwischen-uns das Ur-Präsent
einmaliger Verbundenheit.
Warum erhöheren wir es nicht
in der geschenkten Lebenszeit?

Was
am Ende bleibt?

Was bleibt Euch denn
von all` Eurem Gerödel?
Am Ende doch nur
Trödel, Trödel,
Trödel!

Was Du bekriegst

Du willst am liebsten alles haben!
Doch was Du kriegst, nimmst Du nicht an!
Und so bekriegst Du alle Gaben,
die Dir ein Mitmensch
geben kann.

Was Du von mir glaubst

Was Du jetzthier von mir glaubst,
bin ich Dir, unabhängig davon,
WER ICH JETZTHIER
BIN!

Was einst gewesen ist

Ich sehe das Geschehene.
Ich schaue das Gewesene.
Für mich ist nur
bedeutsam noch,
was einst gewesen ist,
nicht aber, was geschah!

Was für ein Könner!

Und er maskiert sein
mangelhaftes Mangeln
und stilisiert sich
gönnerhaft zum Könner.

Was ist heut` die Frage?

Bist Du eingeweckt
oder aufgeweckt?
Das ist heut`
die Frage!

WAS IST JETZT ?

Halt inne und gewahre es:
Was Du erreichen willst, kommt später.
Was Dich erreichen will,
I S T
J E T Z T

Was mich stillt

Was mich stillt, singt in der Stille:
Eine leuchtende weiche Fülle!

Was schon immer leuchten sollte

Wenn der Lack, der glänzen wollte,
reißt und bröckelt, lichtet sich
im Zerbrochenen tausendfältig,
was schon immer leuchten sollte.

Was sich nicht mehr bewaehrt

Was sich Im-Jetzt nicht mehr bewaehrt,
bewehrt sich mit der Selbstbewertung
als bisher stets und zukünftig
auch weiterhin bewaehrt.

Was steht in Frage?

Worum geht es denn nun eigentlich? Anstelle von:
Warum bloß geht es eigentlich nicht besser?

Was
suchst
Du noch?

DU BIST befreit!
Was suchst Du noch?
Nimm`s einfach an!
Und leb` daraus!

Was wir brauchen?

Was wir brauchen?
Nicht die Freiheit des Denkens,
sondern die Freiheit vom Denken!

Was
zwischen uns
geschehen und gewesen ist

Was ist denn schon geschehen zwischen uns?
Das Wenige, was war, ist längst vergangen.
Doch um so mehr ist zwischen uns gewesen.
Und das kommt stets erneuernd auf uns zu.

Weckruf

Ein Weckruf ruft mich weg
von all` meinem im Eingeweckten
Ausgeheckten.

Weg des Präsentseins

Vom Strudel-Drall im Hier-und-Jetzt
zum Sprudel-Schwall des Jetzt-im-Hier,
des jetztseits sich Versprudelnden
inmitten all` des Strudelnden.

Weg ins Trümmer-Ich

Trimm-Dich-fit,
halt Dich auf Trapp
mit Out-fit und Make up!

Weg zu DIR-SELBST

Der Weg zu DIR-SELBST:
Ein Ent-Täuschungs-Manöver
im Ringen, worum es eigentlich
im Leben so geht.

Wegbegleiter

Auf Wegen erheitern,
läutern und leitern!

Wehe-ment

Wer sich vehement gegen Wehen wehrt,
wird noch vehementer von ihnen beehrt.

Weisheit aus
dem Nahen Osten

*Jesus hätte vielleicht
auch gesagt haben können:*

„In meinem Sinne Menschen-
Fischer zu sein, das heißt:
Menschen auffangen und
aufrichten, nicht aber
Menschen einfangen
und ausrichten,
auch nicht
an mir!"

Weiterleben?

Wie willst Du weiterleben?
Dich als Mensch gebärdend oder
DICH als MENSCH
gebärend?

Weitergehen!

Wenn das noch lang` so weiter geht,
. . . .
dann geht das nicht mehr lang` so weiter!

Weizen keimt im Spreufeuer

Noch ist es mir nicht geheuer:
Weizen keimt im Spreufeuer!

Welch` ein Fang?!

Fangen und Fassen
oder
Auffangen und Umfassen?

Welch` ein Miteinander?

Miteinander glucken?
Miteinander glücken?

Welch` ein Umstand!

Welch` ein Umstand:
Im Wohlstand den Anstand
und den Wohl-Stand
behalten!

Welche Lebensfarbe

Deckfarbe sein: Glänzen!
Alle anderen überdecken!
Lichtfarbe sein: Leuchten!
Alle anderen durchlichten!

Welche Lebensfreude?

Die
schlichte lärmende
oder die lichte wärmende?

Welche Lösung?

Ent-
weder
jetztseits
Lösung Im-Wir
oder aber Lösung
von Dir!

Welche Moral?

Die
Moral der Events:
Die Moral der Keule!
Die Moral des Konsens:
Die Keule der Moral!
Die Moral der PRÄSENZ:
Kristalline Transparenz!

Welche Sicht?

Absicht führt zur Aussicht,
nicht aber zur EINSICHT!

Welche Typen?

Die selbsternannten Edeltypen
sind SELBST-verbannte
Ekeltypen.

Welt als Gleichnis

Der erste Schritt
hin zum Erwachen:
Die Sichten von der Welt
als Gleichnisse betrachten!

Welt fällen?

Die Welt gefällt! Ist es denn das,
was uns gefällt?   Ob sich uns
noch erhellt, was uns erhält?

Welt gewahren - Welt bewahren

Nur wer die Welt gewahrt,
der kann sie auch bewahren.
Doch wer die Welt nur denkt,
gewahrt sie nicht! Wie will
er sie bewahren?

Wenn? Worum?

Wenn es gut geht, wird`s vergehen.
Wenn es schlecht geht, wird`s vergehen.
Worum geht es eigentlich, geht es
gut oder schlecht?

Wenn sich
Lebendiges Dir schenkt

Wenn sich Lebendiges Dir schenkt,
wird die Gewohnheit Dir gesprengt,
Dich mit Dir selbst nur zu vertonen
und in Dir selbst Dich zu verwohnen.

Wenn
das
Gefundensein sich rührt,
er-
wacht
die Unruhe
des Suchens!

Wer bin ich Dir?

Wegbegleiter,
nicht Wegbereiter,
aber häufig
Wegerheiterer!

Wer Du wirklich bist

Die Früchte Deiner Worte,
Deiner Taten, sie verraten,
wer Du wirklich bist.

Wer Irres zeugt

Wer Irres zeugt,
der redet meist
nur wirres Zeug.

Wer sein Herz verschmutzt

Wer sein Herz
verschmutzt, der
verliert den Herz-
schutz!

Wer verstummt

Wer verstummt,
verstümmelt sich
und stumpft ab,
wird kümmer-
lich!

Werken

Und
im Werkeln
leuchtest Du.
In den Werken
aber glänzt
Du.

Wertfreies Schauen

Weder das Wertlose
noch das Wertvolle anschauen,
sondern einfach wertfrei schauen!

Wesenhaft

Auch Wesen-Haft
ist wesenhaft vor allem Haft!

Wholeness und Fairness

Statt „Fitness" und „Wellness",
den Götzen unserer Zeit, such` ich
„Wholeness" und „Fairness"!

Wieder-EIN-Führung

Immer wieder im Für und Wider
führt nur wider Alles-Immer!

Wiederstand

Im Widerstand beginnen,
wieder Stand zu gewinnen!

Widerlich

Ach, es ist so widerlich!
Schon wieder ist sie wider sich!

Wie bewusst?

Licht-bewusst?
Oder:
Nicht-bewusst?

Wie Du`s tust!

Nicht was und nicht wie viel Du tust,
vielmehr ist wichtig, wie Du`s tust!

Wie er heisst

Er
heisst so,
wie er heisst!

Wie lange noch?

Wie lange wohl noch weltet es uns
schonend bei unserer eig`nen
Schonungslosigkeit?

Wie lästig!

Sie lässt mich bei sich gewähren
und erwehrt sich gleichzeitig
meiner Währung.

WIE SIE SIND

Sehen Sie die Dinge so,
WIE sie **SIND**,
nicht
wie **SIE** sind!

Wie steht`s?

Wie steht`s?
Wie s t e t s !

Wie willst Du leben?

Wie willst Du leben?
Vergebens?
Oder:
Vergebend?

Wieder Stand gewinnen

Im Widerstand
wider den Nur-Verstand
wieder Stand gewinnen!

Windiges Unterfangen

Wie soll das denkerisch gelingen,
den GEIST auf den Begriff zu bringen.
Es ist doch ebenso vergeblich,
wie einen Wind auszuwringen!

Wir im EINEN

In uns, da
IST DAS EINE
in anderen Umständen
und wir sind in DEM EINEN
in anderen Inständen.

Wirkliche Hilfe

Wenn Du mir wirklich helfen willst,
dann gib mir auf den Löffel nur
soviel, wie ich auch schlucken kann!

WIRKLICHKEIT

Die
WIRKLICHKEIT
erfährst Du
nur im
Plus,
im Kreuz,
in der Vereinigung
des Würgers mit der Wirtin,
der Wirtlichkeit mit aller Würglichkeit.

Wirtlich-Wirklich

Was ist wirklich
w i r k l i c h ?

Das
wirklich
Wirkliche ist
d a s   W i r t l i c h e !

Wirtliches Wort

Dein Wort wird mir zum Wirt,
schenkt mir den Weg zum
wirtlichen Leben.

Wissende Weisheit - Weisende Weisheit

Die WEISHEIT weiß den WEG
und weist den Irrweg ab
und weist Dich weg vom Abweg
und WEIST DIR DEINEN WEG.

Worum geht es?

Worum geht es eigentlich,
wenn das Eigentliche umgeht
und man Eigentliches umgeht?

Wohl-Stands-Gefahr

Er gewann seinen Wohlstand
und verlor seinen Wohl-Stand.

Wohlvertraut?

Das
Wohlvertraute:
Mir zugewachsen! Mich zugewachsen!
Bin ich ihm noch gewachsen?

Worauf schau` ich?

Auf dem Weg der Fülle
schreit` ich durch den Mangel.
Worauf schau` ich? Wem vertrau`ich?
Mangel oder Fülle?

Wortspülerei

Den Flegel trotzdem pflegen,
bis seine Flegelei sich legt im Pflegeleichten.

Worum es geht?

Es geht um DAS, was Dich DURCHtönt
und DICH als den/die, durch den/die
es tönt.

Worum es mir geht

Mit geht es,
bei aller Verschiedenheit
und manchem schlimmen Gegenpart,
um aufrichtende Gemeinsamkeit
und tragiktragende Gegenwart.

Worum geht es
eigentlich?

Lebe diese tiefste Frage,
bis DU SELBST die Antwort bist.

Wozu sind wir da?

Sind wir
dazu
da,
um
D A
zu sein?

Würglichkeit

Im Griff meines Griffes: Würge-Griff
Selbstmord auf Raten: Würglichkeit.

Wüstenweg

Es
begrüßten mich
die Wüsten und erglühten!
Mir erstarben alte Narben!
Und es blühten die Ekstasen
der Oasen!

Zazen

Im Osten ist Zazen reines Gewahren pur.
Im Westen ist es meist exotisches Gebaren nur.

Zeit geschenkt

Wer seine Zeit gewinnen will,
der wird sie nur verlieren.
Doch wer sich einmal Zeit nimmt,
dem wird sie neu geschenkt.

ZEIT in Zeit

Nicht wie oft, sondern wie offen!
Nicht wie häufig, sondern wie heutig!

Zeitdruck

Als mich der Zeitdruck zerdrückte
und mich ein Zeitruck beglückte
mit zeit-zerbroch`nem Zeit-Freien!

Zeiten-Götze

Die **Verzeitelung der Zeit**
und die Verzettelung in ihr!

Zeit-Frage

Diesseits? - Jenseits?
Stets In-Zeit!
Jetztseits
aber
zeitbefreit?

Zeitgeist

Die Gitarren boomen,
werden schriller, greller, lauter.
Doch die klanglich schöne Laute,
die hat Flaute.

Zeitgemäß arbeitslos

Von der Barmherzigkeit
hin zur Barmhartzigkeit!

Zeit-Geschenk

Schenk
Dir eine freie Zeit
>>>>> + <<<<<
<<< für >>>
die Freiheit
von der Zeit!

Zeit-Leib

Die Lebenszeit,
sie schreit und schreit
nach tödlicher Unendlichkeit.
Und ist doch schon als Leib geweiht
in jetztseitiger Ewigkeit.

ZEIT und Zeit

Event-sein: Wesen aller Zeit
Präsent(-)sein: Wesen aller ZEIT

Zeit-Verdruss

Lebst Du nur in der Zeit,
dieser Wi(e)der-Kehrenden,
langsam Dich-Verzehrenden,
bist Du es bald schon leid!

Zeitvertrieb

Zeitvertrieb
mit Raumverschluss.
Fleiß-Verschleiß und Überfluss.
Raumverschleiß im Zeitverschluss.
Zeitgerecht und Guss-in-Guss.
Seitenweise Überdruss.

Zu emsig

Wer sich zu emsig in den Griff nimmt,
hat sich bald nicht mehr in der Hand!

Zu wenig nur

Und erzählt und erzählt und
hat doch zu wenig nur zu sagen!

Zugang und Angang

Der Zugang zu...
erschließt sich nur
im Gange zu...
und nicht im Angang an…

Zugangssperre

Mit Deinem Bild von mir
verschließt Du Dir den
Zugang hier und jetzt zu mir.

Zu(-)gehen

In ihrer Art, auf ihn erotisch zu zu gehen,
erweist sich ihre Art, erotisch zu zugehen.

Zugestellt!

Du hast Dich DIR noch nicht gestellt!
Du hast Dich stets nur zugesellt!
So has(s)t Du DICH Dir zustellt.

Zum Geh horchen

Vom
Gehorchen
im Gewahrsam
zum Geh-horchen
im Gewahr-
sein.

Zum Wort: Sofort!

Wer alles sofort haben will,
der ist nicht da, ist immer fort
und frisst deshalb in einem fort
und wird doch nimmer satt.

Zuneigung zur Neige

Ach, die Zuneigung zu Dir
geht zur Neige im Verlierspiel,
das wir zu lang schon spielen!

Zur Pfarrerwahl

Als
Gutdressierte wünschen sie
sich den Dompteur,
der
zureitet,
und nicht den
Hirten, der begleitet.

Zurück ins Glück!

Ein
Doppelblick!
Ein Herzensklick!
Ein
süßer Ruck!
Ein Augenschluck!
Zurück ins Glück!

Zwei Lebensmodi

Er
lebte zeitlebens
vergebens!
Sie lebte
zeitlebens
vergebend!

Zwei Wege der Erziehung

Gerade
weil er nicht erziehen wollte,
erzog er andere nach seinem Vorbild.

Gerade weil sie alle erziehen wollte,
verzog sie andere nach
ihrem Zerrbild.

Zwei-Fell

Sie bemüht sich, so zu sein,
wie sie meint, dass er sie will.
Daran könnt` er schier verzweifeln!

Zweifelsfrei!

Nur wenn Du an ihr Zweifel hast,
entlässt Dich jede Zweifelhaft.

Nur wenn den Zweifel Du bezweifelst,
befreist Du Dich ins Zweifelsfreie!

Zwischen Dir und Mir

Zwischen
Dir und Mir
die verschlossene
Zwischentür
----
und der
Schlüssel
ging verloren.

Zwischen uns

In uns, um uns, über uns,
unter uns und außer uns,
doch vor allem
zwischen
uns!

Epilog

Zauberworte

Denke nicht: Gewahre!
Schaue hin! Höre hin!
Spüre, spure und versprühe,
was im Schauen, Hören,
Spüren sich Dir
offenbart!

Dich finden
im Gefundensein!

Aufrichtung - ja!
Ausrichtung -
nein!

präsent sein,
ein Präsent sein!

Ohne Erwartung warten.
Ohne Bewertung wertschätzen.
Und der Befürchtung entraten.
Sich der Bewirtung aussetzen
und andere bewirten
ohne um zu.

Bisher in der Reihe Edition LOS erschienen:

Leseproben bei BoD – www.bod.de und einige
Hörproben auf meinem YouTube-Kanal
„Lasse Los" unter dem jeweiligen Titel

Band 1: Lasse Los: Im Staunen bin ich frei gesetzt
Gedichte, Lieder, Texte 2001 - Neuauflage 2016 -
BoD Norderstedt   *Hörproben auf YouTube*

Band 2: Lasse Los: Verwundert
Heilsames Misslingen - Testlauf in der Kunst des
Scheiterns - Gedichte und Briefe 2001, erweiterte
Neuauflage 2016 - BoD Norderstedt

Band 3: Lasse Los: *R*-AUSGEFLOGEN
Ein bunter Abgesang auf einen Kreuzweg in und aus
der real existierenden Kirche!   Texte, Gedichte und
Briefe - erste Version 2001 - erweiterte Neuauflage
2016 - BoD Norderstedt

Band 4: Lasse Los: Seid ihr noch zu retten?
Tiefenökologische und spirituelle Gleichnisse als
Music- Textivals - 2001 - erweiterte Neuauflage
2016 – BoD Norderstedt   *Hörproben auf YouTube*

Band 5: Lasse Los: Den Umkehr-Blick wagen
Wort-Bilder und Gedichte - Erstauflage 2016 -
BoD Norderstedt   *Hörproben auf YouTube*

Band 6: Lasse Los: ...dennoch JA zum Leben sagen!
Musik-Text-Collagen zu drei bewegenden tragischen
Schicksalen: Gesine Wagner, Etty Hillesum und Martin
Gray - BoD Norderstedt 2016
Hörproben auf YouTube unter: „Gesine Wagner:
Im Feuer ist mein Leben verbrannt!"

Band 7: Lasse Los: Der GEIST weh(r)t (sich,) wo er will!
Abgesang im Übergang zum Aufgang - oder: Den
Frommen entkommen - oder: Angewidert abgewandt
Kirchenkritische Gedichte und Texte - Erstauflage 2017
BoD Norderstedt

Band 9: Lasse Los: Jetztseits leben
Jetztseits im Erleben - Jetztseits im Leben - Jetztseits
im Leiden, Gedichte und Texte, BoD Norderstedt 2020